# Práticas de leitura

**Dados Internacionais de Catalogação na Publicação (CIP)**
**(Câmara Brasileira do Livro, SP, Brasil)**

Silva, Solimar
    Práticas de leitura : 150 ideias para despertar o interesse dos alunos / Solimar Silva. – Petrópolis, RJ : Vozes, 2018.
    Bibliografia.

    6ª reimpressão, 2025.

    ISBN 978-85-326-5808-1
    1. Educação – Brasil 2. Leitores – Formação 3. Leitura 4. Mediação 5. Professores – Formação 6. Sala de aula 7. Textos I. Título.

18-16359                                                             CDD-370

Índices para catálogo sistemático:
1. Formação de leitores : Educação    370

Cibele Maria Dias – Bibliotecária – CRB-8/9427

SOLIMAR SILVA

# Práticas de leitura

150 IDEIAS PARA DESPERTAR O INTERESSE DOS ALUNOS

© 2018, Editora Vozes Ltda.
Rua Frei Luís, 100
25689-900 Petrópolis, RJ
www.vozes.com.br
Brasil

Todos os direitos reservados. Nenhuma parte desta obra poderá ser reproduzida ou transmitida por qualquer forma e/ou quaisquer meios (eletrônico ou mecânico, incluindo fotocópia e gravação) ou arquivada em qualquer sistema ou banco de dados sem permissão escrita da editora.

**CONSELHO EDITORIAL**

**Diretor**
Volney J. Berkenbrock

**Editores**
Aline dos Santos Carneiro
Edrian Josué Pasini
Marilac Loraine Oleniki
Welder Lancieri Marchini

**Conselheiros**
Elói Dionísio Piva
Francisco Morás
Teobaldo Heidemann
Thiago Alexandre Hayakawa

**Secretário executivo**
Leonardo A.R.T. dos Santos

**PRODUÇÃO EDITORIAL**

Aline L.R. de Barros
Anna Catharina Miranda
Eric Parrot
Jailson Scota
Marcelo Telles
Mirela de Oliveira
Natália França
Priscilla A.F. Alves
Rafael de Oliveira
Samuel Rezende
Verônica M. Guedes

*Editoração*: Ana Lucia Q.M. Carvalho
*Diagramação*: Sheilandre Desenv. Gráfico
*Revisão gráfica*: Fernando Sergio Olivetti da Rocha
*Capa*: Estúdio 483
*Ilustração de capa*: © YanLev | Shutterstock

ISBN 978-85-326-5808-1

Este livro foi composto e impresso pela Editora Vozes Ltda.

Dedico este livro a todos os autores e escritores que me encantaram (e me encantam) com a magia da palavra escrita, desde a minha infância até os dias de hoje, participando da minha formação como leitora apaixonada.

E a todos os professores que levam a sério o trabalho com a mediação de leitura em nosso país.

# Agradecimentos

A todos os membros da incrível equipe da Editora Vozes, que fazem sonhos virarem realidade; conhecimento se transformar em livros; desejo de compartilhar saberes ser ampliado pela alegria de receber mensagens de professores que buscam incessantemente fazer seu melhor dia após dia.

A você que está lendo este livro, pois certamente tem a preocupação de formar leitores e fazer isso da forma mais atraente, criativa e interessante possível. Espero contribuir nessa sua jornada.

# Sumário

*Apresentação*, 9

**Parte I – Ensino de leitura e gêneros textuais, 11**

1 Conversando sobre a leitura, 13

2 Gêneros textuais e ensino, 20

3 Atividades antes, durante e após a leitura, 26

**Parte II – As práticas de leitura, 33**

1 Antes da leitura, 35

2 Durante a leitura, 51

3 Depois da leitura, 67

*Referências*, 111

*Índice* – Atividades para depois da leitura, 115

# Apresentação

Pesquisas e exames nacionais e internacionais apontam para a necessidade urgente de que melhoremos a frequência e nível de leitura no Brasil. Tendo em vista as condições socioeconômicas e culturais de nosso país, no que se refere à questão da leitura, a escola desempenha papel fundamental na formação de leitores críticos e proficientes, que realmente gostem de ler e passem a ter o hábito de leitura mais arraigado.

Entretanto, apenas ter livros na escola não é suficiente para despertar nos alunos o gosto pelo ato de ler. Vários professores têm desenvolvido projetos interessantes para o trabalho com leitura em nossas escolas. Ainda assim, muitos dizem que, às vezes, as ideias são escassas. Muitos professores têm solicitado ideias de atividades práticas para que estimulem o gosto pela leitura em suas salas de aula. Logicamente, é necessário que nós, professores, busquemos aumentar nossa competência teórica, a fim de compreendermos o que é ler, como lemos, como estratégias e objetivos de leitura podem facilitar sobremaneira o ato de ler, entre inúmeros outros assuntos relacionados ao ensino-aprendizagem de leitura em língua materna. Por outro lado, é necessário compartilharmos ideias e experiências bem-sucedidas do nosso trabalho diário. Ainda que pareçam partículas minúsculas, elas contribuem para a formação do leitor.

Assim, o objetivo deste livro é apresentar propostas práticas, exequíveis, para o trabalho contínuo de formação de leitores no espaço escolar. Essas ideias envolvem aspectos relacionados aos momentos anteriores ao trabalho com um ou outro texto específico; atividades que podem ser realizadas durante o período em que determinada obra é trabalhada com a turma; e um número riquíssimo de atividades que podem ser realizadas após a leitura, para que os alunos usem sua criatividade e tenham maior interesse em ler uma obra do que normalmente teriam apenas para fazer provas de compreensão ou preencher fichas cansativas.

Nossa finalidade principal é apresentar pequenas ideias iniciais, pequenas faíscas que podem se espalhar e aumentar o interesse pela leitura na escola. Esperamos que as sugestões sirvam de orientação e inspiração aos professores para fazerem projetos significativos e instigantes em suas escolas. *Práticas de leitura – 150 ideias para despertar o interesse do aluno* pretende servir de fonte de consulta constante na hora de se pensar sobre projetos de leitura na sala de aula, sala de leitura e para a escola inteira. Compartilhe as ideias, dê este livro de presente a todos os professores – não apenas aos de Língua Portuguesa – e também me conte suas experiências lá na minha *fanpage* no Facebook: www.facebook.com/ProfessoraSolimar.

Que essas pequenas faíscas se espalhem e sirvam de combustível para aumentarmos o gosto pelo ato de ler em nossas salas de aula.

# PARTE I

## Ensino de leitura e gêneros textuais

Nesta breve parte do livro *Práticas de leitura – 150 ideias para despertar o interesse dos alunos* apresentamos duas concepções que julgamos fundamentais para o trabalho com o livro e a leitura no espaço escolar. Primeiramente, discutimos acerca do panorama de leitura em nosso país e o conceito de leitura que norteia esta obra, a fim de auxiliar o professor na reflexão acerca de seu trabalho como mediador de leitura na sala de aula e no espaço escolar, de um modo geral.

Em seguida, apresentamos a noção de gêneros discursivos ou gêneros textuais (nesta obra utilizados como sinônimos), a fim de reforçar a necessidade de que o ensino de língua materna seja feito com base em gêneros discursivos variados.

Convém esclarecer que buscamos apresentar conceitos básicos, a fim de instigar no professor o desejo de pesquisar mais detalhadamente, com base nos autores aqui citados e outros especialistas no assunto. Apresentamos uma breve fundamentação teórica no intuito de proporcionar um momento inicial de reflexão acerca do trabalho com leitura de textos em língua materna.

# 1
# Conversando sobre a leitura

Muito se tem falado sobre as mazelas da educação brasileira, especialmente no que tange o domínio da leitura por parte de nossos alunos. Pouco se lê em nosso país, o que pode ser percebido pelo número de livros lidos no Brasil que, segundo a pesquisa Retratos da Leitura no Brasil (2011), não chega a dois livros por pessoa, aí incluídos livros lidos em sua totalidade ou apenas em parte. Mesmo entre aqueles considerados leitores pela pesquisa, ou seja, as pessoas que haviam lido nos últimos três meses, essa média não alcançou sequer quatro livros por pessoa, sendo que livros inteiros lidos não chegaram a dois livros por pessoa. Acrescente-se a esse dado o analfabetismo funcional que atinge grande parte de nossa população, caracterizado pela falta de domínio efetivo da habilidade de leitura de textos um pouco mais complexos (INAF, 2009). Do pouco que se lê, parece que muito menos é compreendido, como podemos constatar dos resultados do Pisa (Programa Internacional de Avaliação de Alunos), em que o Brasil ocupou a 53ª posição em um *ranking* com 65 países em 2009.

Os resultados do Enem comprovam a crise no ensino público brasileiro. Por exemplo, em 2009, no Rio de Janeiro, das 50 melhores escolas da cidade, 41 são instituições particulares, 8 federais e apenas uma pública estadual. Ironicamente, a maior parcela da população está matriculada na rede pública de ensino.

Muitos desses alunos não possuem histórico de tradição letrada em suas famílias, tampouco transitam por ambientes leitores fora do espaço escolar. Assim, a maioria dos estudantes no Brasil ainda depende exclusivamente de que a mediação de leitura ocorra dentro dos muros da escola para que se tornem leitores competentes.

Desta maneira, este é o panorama diante do qual nós nos deparamos, professores de língua portuguesa ou de outras disciplinas que fazemos o trabalho de mediação de leitura na escola.

No que tange à questão conceitual do ato de ler, Villardi (1999) preconiza que, em um enfoque restrito, ler se refere ao reconhecimento de palavras, ou seja, a decodificação, mas a "leitura, efetivamente, só se faz no momento em que somos capazes de atribuir sentido ao que foi decodificado" (p. 3-4). Num sentido mais amplo, "ler é construir uma concepção de mundo, é ser capaz de compreender o que nos chega por meio da leitura, analisando e posicionando-se criticamente frente às informações colhidas para exercer a cidadania" (p. 4).

Para isso é necessário que acostumemos o olhar de nossos alunos às diversas manifestações de linguagem, não nos restringindo ao texto escrito, mas também não ignorando sua vital importância na sociedade grafocêntrica em que vivemos.

Historicamente, a evolução da leitura se inicia com a descoberta da escrita, desde os pictogramas pintados nas paredes das cavernas, passando pelos códices da Idade Média, chegando aos livros contemporâneos do século XXI, e entrando em uma das maiores invenções da humanidade: a internet. Entretanto, a leitura, junto com a escrita, estava restrita a poucos privilegiados – aos portugueses que aqui aportaram; aos senhores de engenho e a seus filhos; ou às pessoas ligadas à administração da colônia; aos jesuítas e ao clero. Quanto às outras pessoas, esses direitos não lhes eram assegurados e, assim, durante muito tempo a leitura ficou atrelada à esfera clerical, começando, porém, a ganhar mais força, a partir do século XX, com a disseminação das escolas (OLIVEIRA, 2010).

Atualmente, apesar de toda a facilidade que temos para obter um livro ou utilizar a internet, ainda nos deparamos com desafios no que se refere a estimular que os alunos leiam. Embora vários projetos envolvendo o incentivo da leitura venham sendo feitos, há muito que se fazer para ajudar o professor a incentivar seus alunos a lerem (SILVA, 2009). Como afirma Villardi (1999, p. 3): "[...] muito pouco se tem feito no sentido de instrumentalizar o professor para a realização do ato de ler, principalmente no que diz respeito ao **desenvolvimento do gosto pela leitura**" (grifos da autora), e isso contribui para a constatação de que "à medida que os alunos avançam na escolaridade, menor a ligação que têm com a leitura [...]" (VILLARDI, 1999, p. 4).

É preciso que a leitura seja vista como um processo que envolve a compreensão de várias etapas, pois o ato de ler envolve a decodificação mecânica dos signos linguísticos, mas é também um processo mais abrangente, que "envolve componentes sensoriais, emocionais, intelectuais [...], culturais, econômicos e políticos" (MARTINS, 2006, p. 31).

Desta forma, a leitura é uma atividade que vai além da mera decodificação linguística, embora prescinda-se da habilidade de decodificar como pré-requisito para se ler bem. Não é suficiente, no entanto, a alfabetização de um indivíduo para que ele se torne letrado e tenha autonomia e criticidade no ato de ler (VILLARDI, 1999; SOARES, 2003; MARTINS, 2006). A alfabetização garante que a pessoa leia decodificando, mas não realmente interagindo com a leitura, criticando e posicionando-se a respeito do que lê. Em outras palavras, acabamos tendo uma leitura superficial de um texto, apenas em seu plano linguístico básico. Ainda no que tange à leitura, partilhamos da concepção proposta por Villardi (1999, p. 4) de que "ler é construir uma concepção de mundo, é ser capaz de compreender o que nos chega por meio da leitura, analisando-se criticamente frente às informações colhidas para exercer a cidadania".

Convém lembrar que os próprios Parâmetros Curriculares Nacionais de Língua Portuguesa do Ensino Médio (MEC, 2001) explicitam a concepção de leitura como uma atividade de produção de sentido, implicando estratégias de seleção, antecipação, inferência e verificação. Ressalte-se que a ênfase no ensino de leitura deve ser responsabilidade de todas as áreas, pois a finalidade da leitura é "a formação de leitores competentes e, consequentemente, a formação de escritores, pois a possibilidade de produzir textos eficazes tem sua origem na prática de leitura, espaço de construção da intertextualidade e fonte de referências modelizadoras" (MEC, 2001, p. 53).

Por fim, Villardi (1999, p. 4) define leitura como o ato de "[...] construir uma concepção de mundo, é ser capaz de compreender o que nos chega por meio da leitura, analisando e posicionando-se criticamente frente às informações colhidas [...]". Ler é criar sua própria subjetividade, o que não é possível com a mera decodificação do signo linguístico. Envolve a interação texto-leitor-mundo.

No que se refere ao ambiente escolar, Villardi (2009) afirma que a escola afasta o aluno do livro, obrigando-o a ler sem vontade, assim destruindo qualquer tipo de interesse pela leitura, e, até mesmo, deixando marcas traumatizantes no aluno pela vida inteira. Em contrapartida, a escola, para algumas crianças, tem-se constituído na principal via de acesso à leitura e à escrita, desempenhando o papel fundamental na formação de um contingente muito significativo de leitores (CECCANTINI, 2009).

Entretanto, alguns professores desconhecem repertórios importantes de nossa rica literatura que poderiam ser utilizados intencionalmente para o desenvolvimento da leitura.

Muitos professores sequer são leitores contumazes (SILVA, 2009) e, lógico, isso dificulta o trabalho de realização da leitura nos alunos, pois se os professores não têm o costume de ler, como podem incentivar seus alunos a ler?

O espaço escolar não deve ser considerado sozinho como responsável pela formação do leitor, tampouco como único lugar onde haja uma mediação de leitura estimulante, visto que essa mediação pode e deve ser exercida em outros espaços, como o familiar, eclesiástico, empresarial, entre outros. Contudo, ainda se percebe a importância e responsabilidade da escola na formação de leitores, em especial daqueles que não possuem outros modelos de leitura adequados, como os alunos provenientes das classes socioeconomicamente menos favorecidas.

Lembremos da concepção freireana de que primeiro temos a leitura de mundo; depois, a leitura da palavra. Assim, a ampliação da leitura de mundo é fundamental para a leitura da palavra; afinal, não temos como dissociar texto e contexto para compreendermos plenamente a palavra escrita (FREIRE, 2006, p. 11).

E se aprender a ler significa também aprender a ler o mundo, convém dar voz a Martins. Ele destaca que fazendo isso somos ensinados, e afirma que a nossa função, como professores, é justamente criar condições para que o aluno aprenda por si mesmo, de acordo com "seus próprios interesses, necessidades, fantasias, segundo as dúvidas e exigências que a realidade lhe apresenta" (MARTINS, 2006, p. 34).

Acreditamos, ainda, que a leitura que se faz na escola precisa ser intencional e sistemática. Não deve ficar restrita ao "canto" ou "hora" da leitura ou a projetos esporádicos. Além disso, nunca é demais lembrar que o mediador da leitura deve ser alguém que seja, antes de tudo, um leitor. Não leitor apenas nas horas vagas. Mas leitor assíduo, constante e verdadeiramente apaixonado pelo ato de ler.

Por isso, neste livro apresentamos inúmeras faíscas que podem ser iniciadas a qualquer momento, seja como atividades a serem realizadas antes da leitura, para despertar o interesse do aluno para a leitura; atividades a serem desenvolvidas durante o processo de ler um determinado livro, a fim de que seja feita a mediação de leitura, contribuindo para a ampliação do conhecimento de mundo do aluno e seu entendimento acerca da obra lida; e muitas atividades de pós-leitura, momento durante o qual o aluno poderá exercer sua criatividade, consolidar e aprofundar suas interpretações e exercer sua autoria de gêneros diversos, ao discorrer de forma criativa acerca da obra que acabou de ler.

# 2
# Gêneros textuais e ensino

Esperamos que já esteja consolidada a ideia de que ler vai além do mero ato de decodificar os signos linguísticos (SOARES, 2003; MARTINS, 2006; VILLARDI, 1999, entre outros), pois se "ler é construir uma concepção de mundo, é ser capaz de compreender o que nos chega por meio da leitura, analisando e posicionando-se criticamente frente às informações colhidas para exercer a cidadania" (VILLARDI, 1999, p. 4), como já afirmamos apenas decodificar palavras não dará conta de formar leitores competentes, que consigam transitar confortavelmente por uma gama de gêneros textuais, de acordo com a necessidade social de comunicação, principalmente com o advento da internet em que temos uma explosão de novos gêneros.

O ensino da leitura no espaço escolar é especialmente relevante porque muitos são os alunos que dependem unicamente da escola como formadora de hábitos leitores, por não terem o privilégio de viver em famílias cujos hábitos ou formação permitam sua exposição ao texto impresso durante a infância (CECCANTINI, 2009). Além disso, é importante que o trabalho com a leitura, assim como a escrita, seja feito de modo que os alunos dominem diferentes gêneros textuais (PCN, 1997), porque tudo o que comunicamos só é possível por meio de algum gênero discursivo (BAKHTIN, [1979] 2000; MEURER, 2000; KRESS, 1993). Assim, os professores devem ofertar textos variados (PRADO, 1999; VILLARDI, 1999), porque as novas demandas dos contextos sociais tornam necessário o domínio dos mais diversos gêneros para a socialização e cidadania dos aprendizes (MARCUSCHI, 2002; SILVA, 2006).

Ao apresentarmos nossa breve discussão acerca do ensino com base em gêneros, cumpre que se diferencie gêneros textuais de tipo textual (MARCUSCHI, 2002). Atualmente, diferentes autores usam o termo gêneros textuais (MARCUSCHI & XAVIER, 2010; MARCUSCHI, 2002; MEURER, 2000) para designar o caráter infinito e não catalogável da comunicação e interação social, sendo alguns exemplos a carta comercial, carta pessoal, piada, receita, defesa de tese, relatório, contrato, aula, livro didático, conversa entre amigos e muitos outros. Os tipos textuais, por sua vez, englobam apenas a narração, descrição, exposição e argumentação.

Marcuschi (2002) apresenta uma definição de gêneros textuais e ilustra com exemplos bastante elucidativos ao afirmar que

> os gêneros textuais são os textos que encontramos em nossa vida diária e que apresentam padrões sociocomunicativos característicos definidos por composições funcionais, objetivos enunciativos e estilos concretamente realizados na integração de forças históricas, sociais, ins-

titucionais e técnicas. São entidades empíricas em situações comunicativas e se expressam em designações diversas, constituindo em princípio listagens abertas: telefonema, sermão, carta comercial, carta pessoal, romance, bilhete, reportagem, aula expositiva, reunião de condomínio, notícia jornalística, horóscopo, receita culinária, bula de remédio, lista de compras, cardápio de restaurante, instruções de uso, inquérito policial, resenha, edital de concurso, piada, conversação espontânea, conferência, carta eletrônica, bate-papo por computador, aulas virtuais e assim por diante. Como tal, os gêneros são formas textuais escritas ou orais bastante estáveis, histórica e socialmente situadas (MARCUSCHI, 2002, p. 155).

Os gêneros textuais estão inseridos dentro de um repertório de formas disponíveis no movimento de linguagem e comunicação em uma determinada comunidade, sendo determinados pela sociedade que os utiliza. Desta forma, podemos afirmar que eles surgem a partir de uma necessidade social de comunicação.

Koch e Elias (2008) registram a noção de gênero textual como prática social e saberes socioculturais, sofrendo variações em sua unidade temática, forma composicional e estilo. E dizem que qualquer gênero possui estilo e apresenta condições mais favoráveis (obras literárias) e menos favoráveis (documentos e notas fiscais) para a manifestação do estilo individual, sendo eles dinâmicos e mutáveis, de acordo com a vida social e cultural de seus usuários.

*Grosso modo*, podemos dizer que gêneros discursivos são as diversidades de textos que encontramos nos mais variados ambientes de discurso na sociedade, literários ou não, funcionando sempre no contexto de uma interação. Vários fatores socioculturais ajudam a identificar os gêneros, assim como definir que gênero deve ser usado no momento mais adequado à situação, seja na oralidade ou na escrita. No plano do processo ensino-aprendizagem é possível pensar o estudo dos gêneros discursivos como uma ferramenta apropriada para fazer os alunos gostarem mais de leitura e, a partir deles, o professor, intencionalmente, fazer o aluno perceber o quanto ele já utilizou aquele gênero em seu cotidiano. Afinal, uma maior exposição ao gênero discursivo – da leitura ou da escrita – auxiliará na apreensão dele por parte do aluno.

Para que possamos nos comunicar, utilizamos todos os nossos conhecimentos linguísticos presentes na nossa língua. E para desempenhar essa competência, possibilitando-nos "interagir de forma conveniente, na medida em que [nos] envolvem[os] nas diversas práticas sociais" (KOCH & ELIAS, 2008, p. 102), utilizamos diversos gêneros discursivos. Tais gêneros circulam em toda a sociedade como formas organizadoras da vida social. Segundo Koch e Elias (2008), a lista desses gêneros textuais é numerosa, tanto que fica difícil haver um levantamento de todos os gêneros. Isso se deve pelo motivo de que os gêneros textuais, como práticas sociocomunicativas, são dinâmicos e não se definem de uma vez para sempre, eles são passíveis de contínuas transformações, são maleáveis e plásticos, porque as atividades linguísticas estão em movimento e mudança, resultando em outros e novos gêneros.

Desse modo, é de extrema importância a utilização de diferentes gêneros textuais em sala de aula independente da disciplina de estudo, pois cada gênero se materializa em um determinado ambiente comunicativo, seja esse ambiente em Matemática ou História ou mesmo na internet. O ideal é que o professor mostre para o aluno que gênero está sendo utilizado naquela comunicação e qual é sua função, pois os alunos devem ter a noção de que gênero eles empregaram para se comunicarem. Sendo assim, a ideia de gênero ganhará mais significação para o aluno.

Partindo da premissa de que tudo o que usamos para a comunicação só se realiza através de algum gênero e não havendo nenhuma significação fora dele (MARCUSCHI, 2002), os professores poderão estimular seus alunos à leitura dentro de sala de aula, dispondo de múltiplos e variados gêneros textuais convencionais ou digitais, dando mais sentido aos textos utilizados nas aulas de língua materna, colaborando para que o prazer do ato de ler se realize.

Assim, cremos que o papel principal do mediador de leitura é fazer com que haja uma aproximação do leitor com a leitura, seja literária ou não. No que se refere ao professor como mediador de leitura, entendemos que esse papel abrange múltiplas tarefas, as quais envolvem criar condições de leitura; orientar os alunos quanto ao acervo existente na escola; indicar estratégias de leitura de acordo com o objetivo da leitura; ensinar como cuidar do livro; dar sugestões sobre o que ler, de acordo com os objetivos de leitura propostos; coordenar as atividades de leitura de sua turma ou escola, de modo a atingir objetivos específicos de leitura e ser ele mesmo um exemplo de leitor assíduo dos mais variados gêneros discursivos e literários.

O livro que você tem em mãos tem por finalidade auxiliar nessa tarefa tão complexa de aproximar o aluno do livro, da leitura. Espero que as ideias aqui apresentadas sejam colocadas em prática em sua sala de aula ou em projetos de leitura da escola toda, a fim de que os alunos tenham cada vez mais vontade de ler e compartilhar por escrito textos variados acerca do que leram.

# 3
# Atividades antes, durante e após a leitura

A divisão das ideias propostas neste livro, apresentadas na parte II, baseia-se em Silva (2012); Braga e Silvestre (2009) e Villardi (1999), que fazem uma proposta metodológica para o trabalho com a leitura em sala de aula. As autoras dividem o trabalho em três etapas. Villardi nomeia essas etapas da seguinte maneira:

1) atividades preliminares;

2) atividades com o texto (roteiro de leitura);

3) atividades complementares.

Já Braga e Silvestre propõem os seguintes nomes para as três etapas:

1) pré-leitura;

2) leitura-descoberta;

3) pós-leitura.

Apesar de a nomenclatura diferir de uma obra para outra, percebemos que são similares. Adotando a nomenclatura de Silva (2012), as atividades preliminares ou de pré-leitura são chamadas aqui de atividades *antes* da leitura. Elas possuem por objetivos desencadear o conhecimento prévio do aluno acerca do texto, fornecer informações que o aluno desconheça e que serão necessárias para um maior entendimento do que se está lendo, antecipar o sentido do texto a ser trabalhado ou, ainda antes, estimular a curiosidade para a leitura do texto.

Na segunda etapa, temos as atividades com o texto ou leitura-descoberta, aqui denominadas de atividades *durante* a leitura. Nesta etapa, o professor deve trabalhar o texto em si, concentrando-se no que deseja que seu aluno descubra, buscando os significados possíveis, permitindo que o aluno faça sua própria leitura. É o momento em que, por meio da mediação do professor, ocorre a construção de sentido (BRAGA & SILVESTRE, 2009, p. 29).

Nas atividades feitas *após* a leitura, mesmo havendo uma pequena diferença na proposta das duas primeiras autoras acima mencionadas, percebem-se objetivos semelhantes. Villardi afirma que esta etapa deve representar a culminância de todo um trabalho feito por projetos e que, por isso, é importante que envolva o restante da escola e atenda aos objetivos de favorecer relações interdisciplinares, trazer a problemática do texto para a realidade do aluno e desenvolver a criatividade. Já para Braga e Silvestre, nessas atividades é que "o aluno-leitor poderá utilizar criticamente o sentido construído, refletir sobre as informações recebidas e, assim, construir o conhecimento" (BRAGA & SILVESTRE, 2009, p. 29).

Em comum, esta etapa apresenta a oportunidade de o aluno confirmar ou confrontar o que leu e o sentido que deu com sua própria realidade. Ele não apenas lê e deixa o livro de lado ao final da leitura. Ele exerce influência sobre o que leu e recebe a influência dessa leitura, ainda que seja para rechaçar as ideias ou valores apresentados. É neste instante que o aluno ultrapassa a mera concepção de decodificação do texto ou mesmo de entendimento da leitura feita e exerce a criticidade acerca do que foi lido. É quando damos voz aos alunos que eles podem refletir, exercitar seu pensamento e ser mais participativos, criativos e originais – ao invés de meros reprodutores de ideias.

### Exemplos de algumas atividades para antes da leitura

Há quanto tempo as redes televisivas brasileiras exibem novelas? Esse gênero já até faz parte da nossa cultura. Ainda assim, já reparou que sempre que uma nova novela está para começar há várias *chamadas*, isto é, propagandas, durante várias semanas? Tais chamadas servem para aguçar a curiosidade do telespectador e fazê-lo querer ver o primeiro capítulo – até ser fisgado por todo o tempo de duração da novela. Afinal, o capítulo sempre acaba "na melhor parte"!

Poderíamos utilizar esse mesmo recurso para despertar a curiosidade de nossos alunos para os livros disponíveis na biblioteca ou sala de leitura. Há várias maneiras de se fazer um trabalho de *chamada* para antes da leitura do livro, como por exemplo:

- Mural de resenhas – O professor pode criar um mural no qual ele mesmo ou os próprios alunos forneçam informações acerca de livros lidos – dando até a classificação por número de estrelas. Ao consultar as informações do mural, outros alunos podem ter seu interesse despertado por alguma obra ali sugerida.

- Cartazes interessantes com o nome do livro e uma sinopse nada ortodoxa:

---

Marido passa a vida inteira sem saber se a mulher o traiu com seu melhor amigo!

Quer saber mais?

Leia **Dom Casmurro**

---

Desta forma, o aluno pode ser levado à leitura de um clássico sem aquela distância que muitos sentem, por achar que não vão entender a obra ou que o assunto abordado é do "tempo da vovozinha" e que não vale a pena ser lido nesta época.

- Feira do livro – O professor pode levar vários títulos, ao invés de indicar apenas um – como se fosse agradar a todos os alunos – e deixar que os alunos escolham pela capa, título, formato, cor etc.

Ao permitir que os alunos escolham o que ler, a probabilidade de eles continuarem a leitura e se envolverem com ela é maior do que meramente impor determinado título a todos da turma – meninos e meninas, e geralmente com idades diferentes devido ao desvio série-idade ainda tão comuns em nossas salas de aula.

- Usar a imaginação... – Ninguém melhor do que o próprio professor, conhecedor de sua turma, para criar maneiras interessantes de chamar a atenção de seus alunos para a leitura. Seja uma contação de histórias, ler a sinopse do livro, mostrar um trecho de filme, contar sobre seus sentimentos ao ler determinada obra. Enfim, existe uma infinidade de formas de atrair a atenção para o livro, basta usar sua imaginação.

Assim, na segunda parte do livro, iniciamos a apresentação de faíscas justamente auxiliando o professor nessa etapa. Contudo, é bom que fique claro que as atividades feitas antes da leitura não servem apenas ao intento de despertar a curiosidade e interesse do leitor. Elas também podem ser utilizadas para sondar o conhecimento dos alunos acerca do que será lido, fornecer pistas e informações necessárias para a construção do conhecimento do aluno, objetivando que ele entenda melhor o texto. Pode ser o momento de o aluno fazer predições acerca do que vai ler, a partir da fonte, ano ou autor da publicação de um determinado texto (BRAGA & SILVESTRE, 2009, p. 33).

Concordamos com Villardi (1999, p. 44) ao dizer que "as atividades que antecedem o trabalho com o texto [...] devem ser o mais lúdicas possível". Essa autora sugere o uso de jogos, música, brincadeiras, atividades livres, passeios e visitas que envolvam toda a turma. O objetivo é despertar interesse, aguçar os sentidos e contribuir para que se compreenda o que se vai ler, ao se propor objetivos específicos de leitura.

### Exemplos de atividades para durante a leitura

As atividades durante a leitura devem ter como foco o trabalho com o texto. Não o texto como pretexto para atividades gramaticais ou de outras áreas. Essas atividades devem ajudar a perceber se o que os alunos haviam predito sobre o texto confere com o que o mesmo apresenta. Podem servir para guiar o aluno pela leitura. Entretanto, não precisam ser feitas por meio do tradicional questionário. O roteiro de leitura deve ser feito de modo a ser "capaz de levar o aluno a compreender o texto em toda a sua extensão, a refletir sobre cada elemento que compõe sua estrutura e perceber a importância dos pormenores até, finalmente, posicionar-se criticamente frente ao que foi lido" (VILLARDI, 1999, p. 45). Em outras palavras, o roteiro deve ser criado com a finalidade de servir de instrumento que ofereça maneiras de o aluno fazer sua própria leitura.

O professor pode fazer jogos, questionários de múltipla escolha, perguntas, debates (com roteiro previamente preparado); elucidar questões levantadas pelos alunos; fazer perguntas, sempre permitindo diferentes olhares, diversas formas de interpretar. Enfim, é o momento de trabalhar o texto exaustivamente.

### Exemplos de atividades para depois da leitura

Essas atividades, muitas vezes, têm uma aplicação mais prática e levam o aluno a correlacionar o que leu com sua própria vida, seja por meio de levantamentos e pesquisas complementares ao assunto do texto; reescrita do que leu, em nova versão, alterando o final, ampliando a discussão; ou mesmo por meio de um grande evento com apresentação para toda a escola dos trabalhos desenvolvidos com a leitura do texto.

Esse é o momento de o aluno imprimir sua marca no que leu. Essas atividades visam permitir que o aluno vá além do livro lido e atribua um sentido ainda maior à leitura feita.

A maior parte deste livro se concentra em apresentar ideias para serem utilizadas na fase da pós-leitura, quando o aluno poderá escrever ou oralizar, de formas variadas, acerca da obra que leu e discutiu em sala de aula.

Espero que este livro seja muito útil para acender a vontade de ler na escola. Que você e seus alunos possam usufruir das ideias apresentadas e terem momentos bastante divertidos e significativos.

Acesse minha *fanpage* e conte um pouco sobre sua experiência utilizando o livro em suas aulas de leitura. Compartilhe outras práticas e "faíscas" conosco. O nosso ponto de encontro é www.facebook.com/ProfessoraSolimar

Sucesso!

# PARTE II

## As práticas de leitura

Nesta parte do livro apresento as ideias para incentivar o interesse pela leitura na escola. Não se trata de elaborar em detalhes o passo a passo de um projeto ou propor um trabalho de começo, meio e fim com o livro em sala de aula. As práticas de leitura podem ser utilizadas de forma separada ou combinadas ao se desenhar um projeto de leitura completo.

Essas práticas são pequenas ideias que podem ser colocadas em ação imediatamente após a leitura delas. Também podem servir como combustível necessário a outras ideias e projetos maiores.

Assim, leia todas, veja quais se adequam à realidade de sua escola, faixa etária dos alunos, tipo de livro que se pretende ler, culminância de projetos possíveis de serem realizados etc.

Conforme explicamos no final da parte I, as práticas sugeridas estão divididas em três partes: atividades para serem feitas antes da leitura, atividades para serem propostas durante a leitura do livro e atividades para serem realizadas após a leitura, momento que julgamos bastante oportuno para que o aluno desenvolva sua criatividade e trabalhe na compreensão do livro ao fazer produções textuais ou apresentações diversas.

Compartilhe este livro com outras pessoas, dê de presente um exemplar para algum amigo ou colega de trabalho e crie cada vez mais espaço para a leitura e produção de textos, a fim de acender cada vez mais a vontade de ler na escola.

# 1
# Antes da leitura

Como disse ao final da parte I, há muitas coisas que podemos fazer antes de sugerir algum livro a nossos alunos. Primeiro, é preciso que tenhamos, nós mesmos, vasto repertório de leitura. Além disso, é necessário um ambiente favorável, que inclui acervo amplo, local aconchegante, atividades instigantes. Por fim, também é preciso que ensinemos a nossos alunos diferentes estratégias de leitura, de acordo com os objetivos para aquela leitura. Afinal, ninguém gosta de ficar sem entender o que está lendo. Por isso, não é necessário apenas que nossos alunos leiam, urge que eles entendam, dialoguem com o livro. E, muitas vezes, tomamos essa fase como garantida, achando que basta que eles abram o livro e comecem a ler e, como num passe de mágica, vão entender, gostar e se tornarem leitores competentes, sem nenhum trabalho de ambas as partes – aluno e professor. Ledo engano.

Assim, nesta seção da parte II, apresento trinta possibilidades práticas para despertar o interesse do aluno para a leitura; ou seja, atitudes e atividades para antes da leitura propriamente dita.

## 1) Leia

Este é o primeiro passo. Muitas vezes queremos formar leitores e esquecemos da nossa própria formação leitora, constante, incessante. Mais do que pregar sermões acerca da importância da leitura, precisamos ensinar pelo exemplo.

Que tal avaliar como e quanto você tem lido atualmente? Estabeleça metas realistas de leitura, para começar a ler mais a partir de agora, seja por prazer, busca de informações, atualização em sua área do saber, para conhecer outras pessoas e culturas. Leia, leia, leia!

Qual foi o último livro que você leu? Foi livro acerca do ensino de leitura? Foi livro literário, só por prazer e fruição?

---

## 2) Compartilhe sua paixão pela leitura

Compartilhe o que anda lendo com seus colegas, amigos e alunos. Mostre o livro que está lendo agora, fale de livros que marcaram sua vida, indique leituras prazerosas. Diga onde e como lê. Eu leio no ônibus, andando, no banheiro, na fila para entrar no estacionamento da universidade onde leciono ou durante o recreio da escola. Leia passagens que tenham sido significativas. Fale o quanto anseia pelo próximo feriado para ter mais tempo de ler.

Mostre-se verdadeiramente apaixonado por leitura. Se ainda não é apaixonado, retorne ao item 1 e comece a se envolver em um romance duradouro com a leitura. Ou faça como no Facebook e mude seu *status* para "em um relacionamento sério com a leitura"☺.

---

### 3) Deixe-os ficar rodeados de livros por todos os lados

Se for possível, leve seus alunos a uma biblioteca pública, à biblioteca de uma universidade (dependendo da idade deles) ou mesmo a uma livraria. Deixe-os tocar as diferentes texturas, ver as diversas formas impressas, maravilharem-se com as cores, sentir o poder e conhecimento contidos nos milhares de livros. Deixe-os ficar encantados pelas seções que mais os atraírem.

---

### 4) Organize uma festa literária

Pense na possibilidade de convidar escritores para falar com os alunos. É bom quando eles ouvem histórias de pessoas "reais", falando da época em que eram alunos e como se tornaram escritores, compartilhando seu processo de leitura e de escrita. Se o escritor for da mesma cidade que os alunos, ainda melhor, pois isso ajuda a sentirem-se mais próximos um do outro: autor e alunos.

Além de convidar escritores, podem-se convidar editoras a fazer exposição de livros na escola também.

Convém lembrar que é bom que a festa literária abranja o maior número possível de gêneros textuais. Não sou muito a favor das festas literárias das escolas em que se pensa apenas em homenagear um determinado autor e tudo gira apenas ao redor das obras dele. O aluno passa o ano inteiro só ouvindo sobre esse autor e, se não houver cuidado na condução do projeto, o resultado pode ser o aluno enjoar. O ideal é ter poesia, romance, crônicas, contos, ficção, ação, gibis e uma infinidade de textos impressos para todas as faixas etárias e interesses.

### 5) Ensine estratégias de leitura

Todos os professores devem ser responsáveis por despertar o interesse pela leitura e aumentar a competência leitora de seus alunos. Ler deve ser uma atividade que envolve todas as áreas, visto que em cada disciplina temos objetivos de leitura distintos. Podem-se ler obras de arte, artigos sobre dado acontecimento histórico, gráficos de matemática, mapas geográficos, entre uma infinidade de outras leituras que cada disciplina pode oferecer aos alunos. Todo professor precisa saber como ensinar estratégias de leitura aos alunos. Isso envolve deixar claros os objetivos de leitura, explicitar contextos de produção do texto, buscar inferências, encontrar palavras-chave, entre outras estratégias. Não podemos acreditar que os alunos se tornarão bons leitores apenas porque estão lendo textos em nossas aulas. Precisamos muni-los de estratégias para que leiam criticamente os diversos textos que a eles chegam.

### 6) Tenha um acervo diversificado

É necessário que a escola tenha um vasto acervo de material de leitura diversificado, de preferência dentro da sala de aula mesmo, especialmente para os menores. Esse acervo deve incluir, além de livros de boa qualidade, gibis, revistas e jornais. É bom que os alunos sintam que há material disponível para leitura em toda parte e que eles possam manusear livremente esse material.

Se não houver como disponibilizar um acervo em cada sala, é importante que o espaço da sala de leitura tenha condições de abrigar essa diversidade de material.

---

### 7) Crie um espaço aconchegante

Onde for possível ter uma sala de leitura, é bom que o espaço seja bem-iluminado e confortável. Podem-se utilizar mesas e cadeiras, mas também pufes, almofadas, tapete e até rede, se for possível. É bom que seja um lugar silencioso, sem muitas distrações. Esse espaço aconchegante deve ser um convite à leitura, para que o aluno perceba que o hábito de ler pode ser relaxante e prazeroso.

---

### 8) Planeje atividades diversificadas

Ler não precisa ficar restrito ao espaço da sala de aula ou da sala de leitura. Podemos planejar muitas atividades que envolvam livros e leitura. Pode ser um café da manhã no pátio, um piquenique em um parque próximo, uma feira de ciências, mostra cultural etc.

---

### 9) Reserve o tempo de leitura

Como parte do projeto escolar deve-se destinar um tempo só para atividades de leitura. Uma sugestão é que haja, pelo menos, trinta minutos diários para que todos na escola leiam. Nesse tempo, toda a escola pode parar para ler – desde a faxineira à direção da escola. Se essa ideia não parece plausível para o seu contexto de ensino, pode-se reservar um tempo de leitura dentro da sala de aula, no início do turno diário, por exemplo. Cada aluno leva um livro, gibi ou revista e, em silêncio, leem durante o tempo que foi determinado.

O ideal é que esse tempo seja definido e reservado sempre, constando até mesmo no planejamento diário do professor.

---

### 10) Dê livros de presente

Em vez de troféus em competições da escola, pode-se optar por dar livros ou vales-livros. É importante que as crianças comecem a perceber o valor do livro como prêmio ou presente.

---

### 11) Peça livros de presente

Como está sua lista de livros que você ainda quer ler? Costuma incluir livros nas sugestões de presente de aniversário ou amigo-oculto?

---

### 12) Promova um festival de livros

Em vez de festival de filmes ou cinema na escola, pode-se optar por uma atividade com livros. Pipoca, edredons e leitura para todos!

---

### 13) Faça um varal de textos

Organize na sala mesmo um varal de textos diversos. Pode-se pendurar um barbante e utilizar pregadores de roupa ou minipregadores decorados para prender os textos, os quais podem ser impressos em papel A4 de cores variadas e conter textos tais como poesias, acrósticos, letras de música, pequenas crônicas, contos e, claro, literatura de cordel. Lembre-se de mudar os textos com frequência.

---

### 14) Não os force

Sabe aquele livro maravilhoso que é o seu favorito e acha que todo mundo precisa ler também? Nem sempre os alunos vão se interessar da mesma forma. Não os force a ler o que não gostam. Deixe-os fazer escolhas também.

### 15) Facilite o acesso

Se a sua escola tem biblioteca ou sala de leitura, é bom que ela funcione em tempo integral. Há escolas que deixam os livros trancados a sete chaves com uma pessoa carrancuda que parece mais uma guardiã de um tesouro proibido do que um mediador ou dinamizador de leitura.

Leve seus alunos para conhecer o espaço, faça projetos de leitura em conjunto com a sua sala de leitura ou biblioteca, divulgue o horário de atendimento, peça para facilitarem o empréstimo dos livros. Muitos alunos não têm acesso a livros em casa. Deixe-os levar e ler no tempo livre que eles tiverem após as aulas.

### 16) Conheça os gostos

Faça uma sondagem na turma, especialmente para os maiores, a fim de conhecer os gostos dos alunos. Uns ainda curtem os contos de fadas, com príncipes e princesas; outros preferem ação, terror, romance ou suspense. Há os que vão se amarrar em livros sobre futebol, jogos, ídolos. Se o acervo da escola é bastante variado, isso não será problema. Você conseguirá atender adequadamente aos mais variados gostos.

## 17) Amigo-oculto

No início de um bimestre ou perto de alguma data festiva, como Páscoa, por exemplo, pode-se promover na turma um amigo-oculto de livros. Cada aluno dá de presente um livro para a pessoa que ele tirou. Assim, a pessoa escolhe livro para outro ler, de preferência dizendo o motivo por que escolheu aquele livro específico para o seu amigo-oculto.

## 18) Faça a propaganda

Há livros ótimos cujos títulos ou capas talvez não sejam tão atraentes. Se repararmos nas novelas da televisão, enquanto uma ainda está no ar, começam as chamadas da próxima novela. Sempre criam expectativas, apresentam trechos, música, personagens. Assim, a pessoa que acaba de ver uma novela e jura que não vai acompanhar a outra, quando menos espera, já está lá emendando na outra, aguardando ansiosamente as "cenas do próximo capítulo".

Devemos fazer o mesmo com o livro. Podemos criar propagandas para alguns livros, a fim de despertar o interesse para os bons livros que gostaríamos que eles lessem. Isso pode ser feito por meio de vídeos, pôsteres impressos ou digitais, como no *Glogster*, por exemplo (www.glogster.com), desenhos, pequenos trechos espalhados pela escola ou na sala de leitura, ou, ainda, distribuídos aos alunos em nossa sala de aula mesmo.

### 19) Leitura não pode ser castigo

Se o aluno for bagunceiro, resista à tentação de passar como castigo algo relacionado à leitura. Isso só fará com que ele passe a encarar a leitura como um grande desprazer. É importante, ao contrário, que o aluno encontre prazer no ato de ler, que ele desfrute do tempo de leitura.

### 20) Envolva a família

Tente utilizar as ideias deste livro para envolver a família no processo de leitores mais proficientes e apaixonados por leitura. Convide-os, mande livros para casa, dê tarefas possíveis de serem realizadas, envie fotos dos projetos concluídos ou em andamento. Acenda faíscas na casa do aluno também. Quanto mais espaços leitores houver ao redor do aluno, ainda mais chances ele terá de se desenvolver bem nesse aspecto.

### 21) Promoção e venda

Faça uma apresentação do livro que você deseja que os alunos leiam para o comprador de uma livraria. Seus alunos serão esses compradores e você faz a apresentação dos livros. Você quer muito que a livraria disponibilize o livro para os clientes. Encante-os.

## 22) Sondagem

Aproveite o momento antes da leitura para verificar o que seus alunos sabem sobre o assunto ou mesmo sobre a história antes de começar a ler para eles ou propor a leitura do livro. Por exemplo, se o livro é sobre o holocausto, é bom sondar os conhecimentos prévios dos alunos e construir o alicerce para que eles possam compreender e desfrutar melhor da leitura da obra em seguida.

## 23) Palestra

Apresente para a turma uma minipalestra sobre o livro, contando um pouco sobre o autor, os personagens, contexto histórico e início da trama. Assim, os alunos começarão a ter uma ideia do que estão para ler. De preferência, escolha trechos interessantes – seja porque são mais românticos, ou com mais aventura e ação, ou suspense, ou engraçados – e leia em voz alta para a turma. Entretanto, quando eles estiverem querendo saber o que acontece depois, pare a leitura e diga que eles podem descobrir tudo ao ler o livro.

## 24) Use *post-it!*

*Post-its* são muito úteis para serem utilizados em sala para abordar a obra e atrair os alunos. Algumas sugestões para o professor podem ser:

a) Usar cores variadas para escrever as características diferentes de cada personagem. Então, pode deixar no quadro ou na parede e pedir que os alunos leiam e, em seguida, façam hipóteses sobre a história que estão para ler.

b) Anotar palavras-chave da obra em alguns *post-its* e pedir que os alunos organizem as palavras na ordem em que acham que vão aparecer ou criem frases para criar contextos para as palavras.

c) Escrever títulos de livros que se pretende trabalhar no projeto de leitura e os alunos discutirem sobre o que os livros tratam, apenas lendo o nome dos títulos.

---

### 25) Respeite os direitos do leitor

Daniel Pennac publicou, em seu livro *Como um romance*, uma lista com os dez direitos do leitor. Devemos conhecê-los e criar até mesmo nossa própria lista para trabalhar com os alunos, tendo sempre a lista em lugar de fácil acesso, antes de qualquer atividade de leitura propriamente dita. Esses direitos são: o direito de não ler, de saltar páginas, de não acabar um livro, de reler, de ler não importa o quê, de confundir um livro com a vida real, de ler em qualquer lugar, de ler trechos soltos, de ler em voz alta, de não falar do que se leu.

---

### 26) Abra sua mente

Não apenas os clássicos significam leitura ou boa literatura. Claro que queremos que nossos alunos se encantem com as obras que marcaram época na literatura brasileira e mundial. Entretanto, não conseguiremos isso apenas forçando os alunos a lerem os tais *clássicos* e torcerem o nariz para outros autores.

Devemos partir de onde o aluno está. Ele tem que gostar de ler. É necessário que ele veja a necessidade de variar seu cardápio e degustar do prazer de ler. E isso pode ser iniciado até mesmo com os gibis, se explorarmos sua riqueza intertextual. Depois, vá oferecendo cada vez mais outros textos variados.

---

### 27) Espalhe livros na sala

Antes de os alunos chegarem à sala, que tal colocar um tapete no meio da sala, dispor as cadeiras em círculo e espalhar vários títulos sobre o tapete. Coloque uma música suave de fundo e abra um livro. Deixe seus alunos decidirem que livro gostariam de ler e apreciem esse momento mágico.

---

### 28) Conheça bem o livro

Antes de levar qualquer livro para a sua turma, leia-o antes. Conheça bem a história, busque palavras desconhecidas, ensaie como vai fazer a leitura ou a contação para os alunos.

Verifique as ilustrações, veja como poderá trabalhar com o texto em sua sala de aula. Faça seu dever de casa. Nada de indicar livro que nunca leu ou passar na biblioteca e pegar o primeiro livro que parecer interessante para ler em sala sem conhecer a obra. Às vezes, as surpresas podem ser desagradáveis, nesse caso. Então, conheça bem o livro primeiro.

## 29) Ensine sobre os diferentes gêneros

Tenha cartazes em sala ou na sala de leitura que abordem os diferentes gêneros literários, a fim de que o aluno possa ter ideia do que esperar em determinado livro. Podem ser cartazes feitos no computador da escola, contendo breves informações sobre as obras de mistério, fantasia, ficção científica, romance policial, teatro, poesia, biografia, crônicas, parábolas, fábulas, folclore, lenda, contos de fada, entre outros. De preferência, se o acervo for vasto, é interessante que os livros estejam dispostos em seções específicas para facilitar o acesso do aluno ao seu tipo preferido de leitura.

## 30) Leia livros teóricos

Leia mais sobre o panorama de leitura no Brasil, sobre como ensinar leitura em língua materna, sobre como fazer a mediação de leitura, como desenvolver projetos de leitura etc. Envolva-se de leitura sobre a leitura.

Sugiro alguns títulos abaixo, deixando claro que eles são apenas o início de uma trajetória. Há muita coisa boa publicada e não é o objetivo deste livro trazer toda a literatura da área. Busque outros livros dos autores mencionados abaixo e, logicamente, outros autores não mencionados aqui.

| Autores | Livro |
| --- | --- |
| **Angela Kleiman** | *Texto e leitor – Aspectos cognitivos da leitura* (Editora Pontes) |
| **Eliana Yunes (org.)** | *Ler e fazer* (PUC e Editora Reflexão) |
| **Fabiano dos Santos (e outros)** | *Mediação de leitura* (Global Editora) |
| **Ingedore Villaça Kock e Vanda Maria Elias** | *Ler e compreender os sentidos do texto* (Editora Contexto) |
| **Luiz Marques de Souza e Sérgio Waldeck de Carvalho** | *Compreensão e produção de textos* (Editora Vozes) |
| **Maria Helena Martins** | *O que é leitura* (Editora Brasiliense) |
| **Maria Teresa de Assunção Freitas e Sérgio Roberto Costa (orgs.)** | *Leitura e escrita de adolescentes na internet e na escola* (Editora Autêntica) |
| **Marisa Lajolo** | *Do mundo da leitura para a leitura do mundo* (Editora Ática) |
| **Mary Kato** | *O aprendizado da leitura* (Editora Martins Fontes) |
| **Platão e Fiorin** | *Lições de texto* (Editora Ática) |
| **Raquel Villardi** | *Ensinando a gostar de ler e formando leitores para a vida inteira* (Editora Dunya) |
| **Stella Maris Bortoni--Ricardo (e outros – orgs.)** | *Leitura e mediação pedagógica* (Editora Parábola) |

O que mais pode ser feito como atividade antes da leitura? Que faíscas se acenderam em sua mente durante a leitura desta seção?

_____
_____
_____
_____
_____
_____
_____
_____
_____
_____
_____
_____

Compartilhe suas faíscas para as atividades antes da leitura lá na minha *fanpage*: www.facebook.com/ProfessoraSolimar

# 2
# Durante a leitura

Depois que planejamos nossos projetos de leitura e atividades que pretendemos promover para nossos alunos lerem mais, devemos também pensar em como transformar os momentos durante a leitura em experiências interessantes, prazerosas, cativantes.

O ideal é que os momentos de leitura sirvam para um maior aprofundamento das questões apresentadas no texto, além de melhor compreensão das múltiplas interpretações possíveis, especialmente ao trabalharmos com o texto literário.

Seguem abaixo trinta faíscas de atividades para serem feitas durante a leitura.

### 1) Baús de contação de histórias

Reserve na sala de leitura um baú grande e adquira alguns adereços e objetos diversos para mostrar aos alunos durante a leitura e contação de histórias.

Esses objetos podem incluir coroas de rei, varinhas de condão das fadas, fantasias, palha, madeira e tijolo da casa dos três porquinhos, animais de pelúcia de diversas histórias, bailarina do Soldadinho de Chumbo, uma capa vermelha e cesta de frutas da Chapeuzinho Vermelho e uma infinidade de itens baratos, encontrados em lojas de festa e mercados populares.

Juntamente com outros professores, abuse da criatividade e use o baú de contação de histórias para prender a atenção dos alunos para o momento de leitura, quando eles já ficarão na expectativa da saída de personagens ou objetos "mágicos", mencionados no livro. Certamente serão momentos inesquecíveis.

## 2) Avental-surpresa

Os aventais para contação de histórias são uma forma interessante de envolver os pequenos na leitura de alguma história. Geralmente eles são feitos de feltro e os personagens vão surgindo e sendo colocados no avental no decorrer da narrativa.

Se preferir, o avental pode ficar no chão ou pendurado na parede e os alunos podem colocar os personagens à medida que a professora conta a história. É importante envolvê-los ao máximo na história. Eles aprendem ouvindo, mas também aprendem muito ao tocar, falar e executar pequenas ações.

### 3) Dedoches

Várias histórias de contos de fada já possuem sua versão em dedoches, aqueles personagens feitos em feltro ou outro tecido para colocarmos nos dedos ao contar a história. As crianças ficam fascinadas, pois a história passa a ganhar vida em nossas mãos ou mesmo nas mãozinhas delas.

Elas conseguem visualizar melhor, por exemplo, a Chapeuzinho Vermelho e a vovó ou ficam assustadas com o lobo e aliviadas quando o lenhador surge. Use e abuse dos dedoches, especialmente para as crianças menores.

### 4) Tenda da leitura

Para atrair o aluno que não tem o hábito de visitar a biblioteca da escola, pode-se armar uma tenda na hora do recreio e disponibilizar de forma bem atraente parte do acervo da biblioteca, para que eles leiam durante o intervalo ou conheçam alguns títulos e fiquem curiosos para visitar o espaço com maior tempo posteriormente.

Essa tenda da leitura pode ter poesias penduradas em varais, literatura de cordel e textos menores, para que os alunos consigam terminar de ler no tempo curto do recreio. Aproveite e organize um mural com as propagandas em pôsteres de outros títulos maiores.

### 5) Cesta de livros para casa

A fim de envolver a família no processo de incentivo à leitura, a escola pode promover envio de pequenas cestas com livros para a casa do aluno no final de semana. Os pais e os filhos podem escolher que livros ler e, depois, escrever suas impressões em um caderno, que vai também dentro da cesta.

Para uma turma com vinte alunos pode-se fazer duas cestas. Assim, em dez semanas, todas as crianças terão levado livros para suas casas. Se houver possibilidade de mais cestas, será muito melhor, pois o espaço de tempo entre a vez de um aluno e sua nova data para levar a cesta fica ainda menor.

### 6) Carrinho de mão de livros

Especialmente para as escolas em que não é possível atender a todos os alunos na sala de leitura, pode-se ornamentar um carrinho de mão, desses de obra mesmo, pintando-o com cores mais alegres e enchê-lo de livros para ficar na própria sala de aula.

Pode-se revezar entre as turmas da escola o dia do carrinho de leitura na sala. O ideal é que o acervo seja renovado de vez em quando, para que os alunos possam se surpreender com a variedade disponível.

### 7) Canto da leitura na sala

É possível criar um espaço na sala dedicado à leitura. Esse espaço é muitas vezes chamado de Canto ou Cantinho da leitura e pode ser organizado com pequenas prateleiras expositoras; divisórias transparentes, feitas em plástico, ou uma pequena mesa com vários livros dispostos nela.

O ideal é que esse canto de leitura seja fixo e utilizado com frequência, preferencialmente de modo livre pelas crianças.

---

### 8) Maleta viajante

Com uma pequena maleta, que pode ser uma mala pequena mesmo ou alguma maleta de plástico, podemos enviar livros para os alunos de um dia para o outro ou para o final de semana.

É bom que a maleta seja atraente e que possamos promover a curiosidade para os livros que estão lá dentro. Desta forma, sempre que for possível, os dois ou três livros enviados devem ser diferentes de um aluno para outro, a fim de que eles comentem uns com os outros o que havia em sua maleta quando levaram os livros para casa.

---

### 9) Fantoches

As crianças menores vão ficar fascinadas com os fantoches fazendo as vezes dos personagens das histórias que o professor ler em sala de aula.

Podemos usar os fantoches mesmo que não tenhamos aquela cortininha para nos escondermos atrás. Mesmo sentados, com o livro no colo e o fantoche em uma das mãos os pequenos ficam vidrados, encantados com a história.

---

### 10) Caderninho dicionário de palavras novas

Incentive os alunos a criarem um minidicionário ou manterem um caderno de anotações para as palavras novas que encontrarem durante a leitura.

Diga-lhes para procurarem o significado e, de preferência, copiarem a frase no contexto em que a palavra aparece, a fim de facilitar a apreensão e memorização da nova palavra.

---

### 11) Um livro para a turma toda – diversas opiniões?

Muitas vezes temos que pedir que a turma inteira leia o mesmo livro. Seja porque a escola funciona desta maneira e precisamos seguir o estabelecido pela direção, ou porque a leitura de determinado clássico deve ser feita naquele período ou, ainda, porque fizemos uma propaganda efetiva e conquistamos o interesse de nossos alunos.

Nesse caso, podemos analisar as opiniões dos alunos acerca do que leram. Eles podem atribuir, individualmente, pontos para o livro em quesitos diversos, tais como: *prendeu minha atenção, a história foi comovente, a trama foi bem desenvolvida, desafiou a minha mente* ou outros pontos que o professor queira explorar.

Não é necessário que os trinta alunos da turma gostem igualmente de uma leitura, por mais que o livro seja de um autor consagrado e só tenha críticas positivas a ele. Há vários livros considerados clássicos, tanto da literatura nacional como da mundial que podem simplesmente não ser tão apreciados por todas as pessoas.

## 12) Um livro para metade da turma – diferentes visões

Diferente da proposta anterior, podemos ter a leitura simultânea de dois livros na turma, abordando temas iguais, mas com pontos de vista diferentes.

O intuito é que, ainda durante a leitura, os alunos possam debater os diferentes aspectos acerca do que estão lendo e perceber a diversidade dos olhares sobre um mesmo assunto.

## 13) Grupos de leitura

É importante ajudarmos nossos alunos a socializarem uns com os outros tendo a leitura como ponto central. Assim, podemos promover na escola círculos literários ou grupos de leitura para que os alunos possam interagir acerca dos livros que eles estão lendo. Isso pode auxiliar na compreensão da obra e tornar a tarefa muito mais agradável.

### 14) Leia para as crianças

As crianças adoram ouvir uma boa história. Mas não limite-se a ler, faça perguntas também. Se elas já souberem ler, deixe-as fazer o papel dos personagens e você faz o papel do narrador.

Lógico que o ideal é que os pais comecem desde cedo a mostrar o exemplo de bons hábitos de leitura, seja lendo histórias antes de dormir, comprando livros ou lendo constantemente para fins pessoais, tornando a atividade de ler algo agradável e divertido. Contudo, sabemos que a realidade brasileira ainda está longe desse ideal. Por isso, leia muito para as suas crianças em sala de aula e em atividades diversificadas. Muitas vão para as escolas subnutridas no que se refere às refeições diárias de leitura. Então, leia sempre para as crianças, seja qual for o livro que elas queiram ler e reler. Aproveite e faça vozes diferentes, encene as ações, entre na história, divirtam-se! Deixe também as crianças participarem o máximo possível, seja terminando uma rima ou uma frase, falando das gravuras, fazendo revezamento de leitura. Leia, leia e leia muito para as crianças.

---

### 15) Dramatize histórias

Em turmas de alunos menores, o próprio professor pode, além de ler uma história, dramatizar uma determinada cena ou o livro inteiro, ou mesmo vestir-se como um dos personagens e dramatizar algum trecho do livro.

As turmas maiores podem ler em silêncio e, depois, fazer uma leitura dramatizada de alguns trechos. Isso auxilia o professor a perceber, inclusive, como os próprios alunos estão lendo, pois eles darão ênfase em uma fala ou colocarão emoção em um trecho de acordo com o que eles estejam compreendendo da leitura que está sendo realizada.

## 16) Deixe-as contar histórias para os bonecos ou colegas

Para as crianças menores é bom deixar que elas contem a história favorita para seus bonecos, bichos de pelúcia ou para os colegas. É interessante que elas manuseiem o livro, ainda que não saibam ler. Isso as ajuda a ver as imagens e lembrar das histórias, ou mesmo criar partes da história com base nas ilustrações e, assim, exercitar sua criatividade.

Para crianças pequenas que têm o hábito de ler, pode-se dar um novo livro e deixá-las imaginar como é a história, pedindo que elas façam narrativas, apenas observando as imagens.

A Turma da Mônica, por exemplo, já tem gibis só com imagens (é o *Historinhas sem palavras*), justamente para os pequenos fazerem uma leitura visual das histórias em quadrinhos.

### 17) Faça os projetos e atividades propostos dos livros

Há vários livros, principalmente os infantis, com os quais podemos promover projetos e atividades utilizando o que os livros propõem. Seja uma receita fácil e gostosa, um código por meio do qual os personagens se comunicam, uma pipa com a qual um personagem goste de brincar, seja olhar as nuvens e ver formas de animais e uma infinidade de ideias práticas que podem ser retiradas do próprio livro.

Sempre leia os livros que você vai propor para a turma com bastante antecedência e anote as inúmeras possibilidades de tarefas que vocês podem fazer juntos enquanto leem a história.

### 18) Incentive o uso da biblioteca

Muitas vezes incentivamos o uso da biblioteca apenas quando vamos pesquisar determinado título com os alunos ou para que eles possam procurar os livros que indicamos que eles leiam. Entretanto, ainda enquanto eles estão lendo um livro (e sempre, sempre, sempre!), devemos incentivar que eles visitem a biblioteca e descubram outros livros que queiram conhecer.

Faça da visita à biblioteca da escola uma parte constante em seu planejamento semanal; claro, se houver uma disponível na escola.

### 19) Siga a série

Se determinado livro que os alunos estão lendo faz parte de uma série, encoraje-os a ler todos os livros da série, ainda que isso não faça parte do currículo de vocês. Disponibilize os livros, indique livrarias e sites de sebos online. Eu indico totalmente o site da Estante Virtual (www.estantevirtual.com.br). É o melhor lugar para encontrar sebos do Brasil todo a apenas um clique.

---

### 20) Leia as peças teatrais em voz alta

Ao invés de fazer leitura silenciosa das peças que seus alunos estiverem lendo, uma sugestão é ler alguns trechos do livro em voz alta. Peça aos alunos que tentem dar a entonação correta e encenarem as ações contidas nas rubricas. Assim, fica mais divertido ler em classe.

---

### 21) Lendo e discutindo

Muitas vezes esperamos para fazer a discussão de um livro apenas como atividade de pós-leitura. Entretanto, uma discussão pode ser enriquecida se lermos o livro juntos e, ao mesmo tempo, discutirmos passagens, trechos, referências históricas, verificarmos a compreensão dos alunos acerca de determinados pontos.

## 22) Especulação

Se a turma está lendo um livro e fazendo discussão sobre ele, pode-se propor que os alunos parem a leitura em determinado trecho e conversem sobre o que eles acham que vai acontecer em seguida, tomando por base a leitura dos capítulos anteriores.

---

## 23) Acompanhando o filme

Se o livro que a turma estiver lendo tiver uma versão em filme, uma boa ideia é separar parte de uma aula, enquanto os alunos ainda estão lendo o livro, e passar um trecho do filme com o som desligado. Eles assistem ao vídeo e, depois, contam o que aconteceu naquela cena ou o que acontecerá em seguida. Isso ajuda-os a comparar sua leitura com a adaptação feita para o cinema.

---

## 24) Use *post-it*!

Os *post-its* podem ser muito úteis também nesta etapa do trabalho com a leitura. Veja algumas sugestões de como podem ser utilizados:

a) Os alunos podem tomar notas de trechos importantes ou citações enquanto leem um livro, especialmente se a obra tiver sido tomada emprestada da biblioteca.

b) Os alunos podem anotar pontos principais para organizar sua linha de raciocínio enquanto vão lendo.

c) O professor pode propor algumas perguntas para que os alunos respondam durante a leitura e o aluno pode escrever a resposta no *post-it* e deixá-lo dentro do livro, na página em cujo trecho ele se baseou para responder. Isso pode auxiliar na discussão em sala de aula, já que ele terá a obra e a anotação com suas palavras.

d) Em sala de aula, cada grupo recebe alguns *post-its* e, em um determinado prazo estipulado pelo professor, devem listar os eventos em ordem cronológica, ou a descrição dos personagens, ou novas palavras aprendidas durante a leitura, e assim por diante.

e) Os alunos podem usar *post-its* para anotar suas ideias, sentimentos, surpresas, descobertas ou impressões enquanto leem o livro. Isso os ajuda a ter registrado sua visão da obra e seu impacto neles, antes de virarem uma página, passarem para outro capítulo ou encerrarem a leitura e esquecerem essas impressões que tiveram enquanto liam. Além disso, essas notas feitas nos *post-its*, que podem estar no próprio livro ou no caderno dos alunos, auxiliam no momento em que há discussão em grupo e os alunos devem compartilhar suas impressões ao longo da leitura da obra. Afinal, estará tudo anotado e de fácil acesso a eles mesmos.

### 25) Leia em todos os lugares

Vá além da leitura em sala de aula, com os alunos enfileirados em suas carteiras, geralmente com cadeiras duras. Experimente deixá-los ler debaixo da árvore, em redes, almofadões, tapetes, pufes, sentados em círculo na sala de aula, em esteiras...

### 26) Figuras de linguagem

Ao trabalhar o assunto figuras de linguagem, pode-se pedir que os alunos busquem determinadas figuras no texto que estão lendo e listem o sentido literal das figuras empregadas pelo autor.

### 27) Pergunta misteriosa

Deixe no quadro ou entregue em um pedaço de papel alguma pergunta "misteriosa" que os alunos só vão conseguir responder ao longo do livro.

### 28) Perguntas para reflexão

Faça perguntas para os alunos responderem durante a leitura e que os façam refletir sobre o que estão lendo. Podem ser perguntas para o final de cada capítulo ou algumas perguntas, de acordo com os acontecimentos da história.

## 29) Ajude-os a compreender referências de histórias ou de outros textos

Nossa experiência leitora deve servir para auxiliar os leitores menos experientes. Muitas vezes, um trecho ou toda uma obra é de difícil compreensão porque faltam aos alunos as referências históricas que são feitas. Mesmo a questão da intertextualidade pode ser um impeditivo da plena compreensão, visto que o repertório dos alunos pode ainda ser limitado. Por isso é importante que o mediador ou dinamizador de leitura faça essas pontes, alinhave os pontos e, dessa forma, auxilie os alunos a compreenderem mais plenamente o que estão lendo.

## 30) Fique quieto

Às vezes queremos dar informações extras que deveríamos ter dado na atividade antes da leitura ou que, talvez, julguemos que serão importantes enquanto os alunos leem. Agora não. Contenha seu ímpeto de atrapalhar a leitura para dar qualquer informação. Silêncio, por favor.

Que outras faíscas podem ser interessantes para o trabalho *com* o texto em sala de aula?

_____
_____
_____
_____
_____
_____
_____
_____
_____
_____
_____
_____
_____
_____

Visite a minha *fanpage* e compartilhe essas faíscas: www.facebook.com/ProfessoraSolimar

# 3
# Depois da leitura

Muitos pensam que o trabalho com a leitura se encerra quando fechamos o livro. Ledo engano. É aí que podemos explorar a criatividade dos alunos e verificar sua compreensão global da obra lida. É o momento de unirmos leitura e escrita de forma mais substancial, a partir de projetos e gêneros discursivos variados.

Então, experimente as práticas a seguir. Haverá momentos em que apenas uma das ideias será o suficiente para o trabalho após a leitura; em outros, talvez você queira fazer combinação entre uma ou mais faíscas sugeridas. Isso mesmo, use sua criatividade e transforme a paixão pela leitura em combustível para que essas faíscas causem um grande "incêndio" cultural.

Por ser esta a parte do livro com mais sugestões, com noventa faíscas de práticas, é a única cujas ideias são apresentadas em ordem alfabética, para facilitar sua consulta posterior.

## 1) Absolutamente nada

Muitas vezes você perceberá que não é necessário fazer alguma atividade para após a leitura. Assim, não se sinta obrigado a fazer qualquer atividade após a leitura do livro, caso perceba que o trabalho já foi completo. Haverá momentos em que a última página será lida (podendo ter sido discutida ou não em sala de aula). E acabou. Fecha-se o livro e pronto. Missão cumprida. Experiência de leitura vivida e guardada para sempre – pelo menos é o que queremos!

Entretanto, como afirmamos na abertura desta seção, nem sempre o trabalho com a leitura estará finalizado após fecharmos o livro. Por isso, espero que as faíscas a seguir também o auxiliem na conclusão de trabalhos mais completos e projetos maiores de leitura.

---

## 2) Adjetivos

Uma atividade bem simples que pode ser proposta para os alunos menores é a descrição dos personagens (protagonistas e antagonistas) por meio de uma breve lista de adjetivos. Dessa maneira, os alunos podem ter uma ideia das características principais desses personagens para que discutam a relevância dessas escolhas para a trama.

Poderão perceber que, em determinados gêneros, o personagem principal sequer tem defeitos, chega quase à perfeição. Entretanto, haverá outras obras em que poderão notar que o personagem principal possui virtudes e defeitos, como uma pessoa comum.

O professor pode propor um debate acerca das escolhas dos adjetivos para descrever este ou aquele personagem e mostrar que essa escolha não é aleatória, que o autor o faz para atingir determinado propósito.

---

### 3) Apresentação oral ao vivo

Peça aos alunos para se preparem para fazer apresentações orais curtas, de um a três minutos, durante as quais eles apresentem um resumo da obra e as características e papéis centrais dos personagens principais. A turma pode fazer perguntas somente ao final das apresentações.

---

### 4) Apresentação oral gravada

Uma variação da atividade anterior é os alunos criarem a apresentação em vídeo e disponibilizarem no canal do YouTube da escola ou da turma. As perguntas podem ser feitas por meio de comentários. Nesse caso, convém que o professor assista ao vídeo antes da postagem pelos alunos e acompanhe a mediação dos comentários.

---

## 5) Bate-papo com um autor

Qual foi a última vez que sua escola convidou um autor para conversar com os alunos?

Essa é uma excelente atividade para fazer após a leitura de uma obra em sua turma ou escola. Muitos alunos não têm acesso a lançamentos de livros e atividades que envolvam o autor como uma pessoa "real". Para muitos deles, os autores são apenas um nome escrito na capa do livro.

Ao fazer um projeto com determinado livro, consulte a editora sobre a possibilidade de o autor poder participar de um encontro desses na sua escola. Dê preferência a autores locais, pois os custos com locomoção e estadia são reduzidos. Mas não meça esforços para levar à escola aquele autor que foi importante para seus alunos, sempre que for possível realizar esse encontro.

Ajude os alunos a organizarem perguntas a serem feitas e apreciem o momento descontraído que o bate-papo com o autor pode proporcionar a todos vocês.

Gosto muito de conversar com as crianças, adolescentes e adultos – incluindo os professores ou professoras – sobre como me tornei escritora ou apresentando a eles meus livros, sejam os infantis, como é o caso de *Mamãe foi trabalhar* (Escrita Fina Edições), ou o *Violências cotidianas*, meu livro de poesias que retrata os diversos tipos de violência que sofremos em nosso dia a dia. E, em minhas conversas com os professores, falamos acerca da nossa prática docente, abordando os títulos *Dinâmicas e jogos para aulas de idiomas; Oficina de escrita criativa – Escrevendo em sala de aula e publicando na web; 50 atitudes do professor de sucesso;* ou, ainda, *Histórias para encantar e desenvolver valores, Dinâmicas e jogos para aulas de língua portuguesa* (todos publicados pela Editora Vozes). Este livro, *Práticas de leitura – 150 ideias para despertar o interesse dos alunos*, veio se juntar a essa grande alegria que é estar no espaço escolar, contribuindo para a formação de alunos e professores.

Assim como eu me disponibilizo para visitar as escolas em diversos momentos do ano e de seus projetos, certamente outros autores se sentem honrados em serem convidados também.

### 6) Cair na rede

Após a leitura dos livros, os alunos, juntamente com o professor, podem criar um blog como espaço para discussão das obras, postar informações adicionais sobre personagens literários ou figuras históricas.

Eles podem receber designações para fazer as postagens, de forma que todos participem continuamente. Também deve-se incentivar que eles façam comentários nas postagens dos outros colegas.

Uma ferramenta gratuita para a criação de blogs é o www.blogger.com Deixe os alunos customizarem o blog como quiserem, caprichando no visual.

Eles podem divulgar o blog em suas redes sociais e convidar alunos de outras turmas e escolas a participarem da discussão online.

## 7) Calendário

Os alunos podem criar um calendário para marcar a sequência de eventos na história. Isso pode ser especialmente relevante tanto para obras cuja narração siga rigorosamente a ordem cronológica como para aquelas narrativas que vão e voltam no tempo, podendo deixar o leitor menos experiente um pouco confuso quanto à sequência dos fatos narrados.

---

## 8) Campanha de *marketing*

Desafie os alunos a participarem da experiência de realizar uma campanha de *marketing* para divulgar o livro que leram, principalmente se eles gostaram muito do livro.

Eles devem incluir vários canais de apresentação da propaganda, pensando em que público se quer atingir. Portanto, devem desenvolver peças condizentes com esses canais e os possíveis públicos, o que pode envolver criação de cartazes, comercial para rádio, TV, jornal, revista e redes sociais, brindes relacionados à obra divulgada, podendo ter adesivos, marcadores de livros, canetas personalizadas etc.

Os alunos podem apresentar a campanha para a escola toda e, inclusive, também promover votação para a campanha mais criativa.

### 9) Carta para o autor

Os alunos podem ser incentivados a escreverem uma carta para o autor, expressando suas emoções e reflexões acerca da obra lida. Essas cartas podem ser enviadas anexadas a uma mensagem para o e-mail do autor ou à editora, caso no livro não tenha o contato direto do autor.

Como autora, adoro receber mensagens dos leitores. E sempre respondo com muito carinho aos e-mails e mensagens recebidos.

### 10) Cartão de visitas

Essa atividade busca trabalhar o poder de síntese e organização das ideias dos alunos. Leve papéis cortados no tamanho de um cartão de visitas e desafie os alunos a escreverem a síntese da história nesse espaço, usando apenas um dos lados do cartão.

### 11) Cartão-postal

Os alunos podem criar cartões-postais com imagens de lugares mencionados no livro. Eles também podem escrever a mensagem como se fossem uma das personagens enviando o cartão, de preferência escrevendo sobre algum evento mencionado no livro.

## 12) Citações em quadros

Solicite aos alunos que escolham citações que foram significativas para eles. Eles devem explicar por que escolheram aquela citação, daí escrevem a citação escolhida em uma folha de papel A4 e desenham imagens relacionadas a ela, criando um pequeno quadro.

---

## 13) Clubes do livro

Essa é uma atividade que pode ser feita a todo o momento. Os alunos devem ser convidados a participar de um clube do livro, no qual os alunos leem, discutem e tomam notas acerca de livros ou trechos de livros diversos.

Os alunos devem criar as perguntas que serão discutidas durante as sessões do livro, com a orientação do professor.

Esse clube do livro pode ser dentro da própria sala de aula, com cada grupo de cinco a seis alunos fazendo parte de um pequeno clube. Além disso, o clube do livro pode utilizar a leitura de qualquer material referente a qualquer assunto, se o professor preferir.

---

## 14) Coisas que aprendi

Pode-se solicitar que, ao final da leitura de determinado livro, os alunos escrevam um texto acerca das cinco a dez coisas que eles aprenderam com a leitura da história. Essa lista do que aprenderam pode incluir aspectos históricos, geográficos, conhecimento de mundo ou mesmo fatores mais emocionais ou psicológicos.

### 15) Colar do Google

Após a leitura de um livro, os alunos podem ser solicitados a navegar na rede, procurando informações mais detalhadas sobre o livro, o autor ou o tema abordado. Depois eles podem compartilhar essas informações com toda a turma.

### 16) Congresso de escritores

Pode-se propor aos alunos que façam de conta que eles foram convidados a proferir uma apresentação do autor do livro em um congresso nacional de escritores. Eles devem fazer um discurso escrito e apresentá-lo oralmente à turma, destacando especialmente a relevância da obra lida, seja pela turma, por pequenos grupos ou apenas pelo próprio aluno que faz a apresentação.

### 17) Conversa com o *expert* da turma

Caso o livro que os alunos tenham lido contenha algum ensinamento nele, do tipo como fazer algo, os alunos podem preparar uma miniaula na qual ensinarão o que aprenderam com o livro.

Oriente os alunos a apresentarem as informações de forma organizada, para não deixar a plateia confusa. Pode-se verificar se a lição foi bem compreendida se, ao final da apresentação, os colegas conseguirem fazer o que foi ensinado. Se a miniaula tiver sido sobre novos conceitos, também o aluno apresentador pode fazer um pequeno teste para verificar a compreensão dos colegas acerca do que ele apresentou.

### 18) Crachás completos

Os alunos podem criar crachás para identificar personagens da obra lida. Eles devem incluir detalhes relevantes, como, por exemplo: nome completo, idade ou data de nascimento, lugar onde mora e principais características.

### 19) Debates

Após lerem um livro sobre assunto polêmico ou controverso, o professor pode promover um debate para que os alunos expressem suas opiniões sobre as questões abordadas na obra.

É importante que os alunos aprendam a respeitar a diversidade de ideias, crenças e opiniões e percebam que é possível compreender os pontos de vista dos outros, ainda que sejam bastante diferentes dos nossos.

Para essa atividade é importante que o professor organize um roteiro prévio das perguntas ou questões a serem debatidas para não virar um "bate-boca" entre os alunos mais apaixonados por seus pontos de vista. É necessário que o professor faça a mediação e as intervenções necessárias para nortear a discussão.

### 20) Declamações

Como nos saraus de poesias, pode-se solicitar que os alunos, ao término da leitura de um livro do gênero, escolham uma poesia favorita, memorizem e, como atividade de pós-leitura, eles façam declamações das poesias escolhidas.

Pode-se criar um concurso de declamações, convidando outros professores para fazerem parte do júri.

### 21) Diferentes publicações

A fim de trabalhar a questão da diversidade dos gêneros textuais e da escolha linguística conforme o público-alvo, o professor pode pedir que os alunos escrevam um resumo da história e, posteriormente, adaptem esse resumo a diferentes fontes de publicação ou gêneros discursivos variados.

Algumas sugestões: carta à presidência da república, poema, paródia musical, revista para adolescentes, revista de negócios, manual de instruções etc.

### 22) Dois livros – mesmo assunto

Após a leitura de um livro sobre determinado assunto, o professor pode sugerir a leitura de outro livro de mesmo teor para que os alunos possam comparar como os autores abordaram a mesma questão.

### 23) E depois da poesia?

Há várias atividades que podem ser exploradas no final da leitura de um livro de poesias, como, por exemplo:

a) Leitura oral dos poemas, como em um sarau de poesias (cf. faísca 79).

b) Declamação de poemas (cf. faísca 20).

c) Esquetes feitas com base em um ou mais poemas lidos.

d) Acrescentar estrofes ao poema.

e) Compor uma música para a letra do poema.

f) Fazer ilustrações para o poema.

g) Buscar poemas que tratem do mesmo assunto.

h) Comparar dois poemas sobre o mesmo tópico.

### 24) E o prêmio vai para...

Essa atividade pode ser muito divertida. Os alunos criam categorias de premiação para os personagens de um romance que tenham lido. A premiação pode envolver coisas inusitadas como o prêmio *cara de pau, chatinho da história, sem noção*, entre uma infinidade de possibilidades que nossos alunos inventam. Dessa forma eles estão caracterizando os personagens à sua maneira.

---

### 25) Elaboração de provas

Individualmente ou em grupos, os alunos devem criar provas ou testes acerca do livro que acabaram de ler. Ao pensarem nas perguntas, eles terão que pensar na obra como um todo e também nas respostas, e isso os ajudará a refletir mais acerca do que leram.

Além disso, é interessante como as perguntas que eles fazem são, muitas vezes, bem mais difíceis ou criativas do que aquelas que nós pensaríamos em elaborar para uma prova.

Oriente-os a incluir questões que abranjam reflexão também e não apenas informações sobre o livro.

---

### 26) Em quinze anos...

Os alunos podem escrever sobre a vida de um dos personagens ou das pessoas envolvidas na história quinze anos depois do final do livro. O que aconteceu? O que estão fazendo? Estão morando no mesmo lugar?

---

### 27) Entrevista com o vilão

Sugira que os alunos criem um questionário com cinco a dez perguntas que gostariam de fazer a um determinado vilão ou antagonista da história, de forma que ele pudesse expressar seus sentimentos, motivos e sua visão acerca de seu papel na história do livro.

---

### 28) Entrevistando os personagens

O professor pode desafiar os alunos a se prepararem para fingirem que são determinados personagens da obra e, diante da turma, responderem a perguntas dos demais colegas como se fossem realmente o personagem dando uma entrevista. Para isso, eles precisam compreender bem o livro lido e as características que marcam o personagem que vão encenar na entrevista.

---

### 29) Epílogo

Há livros que apresentam um epílogo, contando o que aconteceu no final da história ou o que aconteceu depois com os personagens. Entretanto, a maioria dos livros não apresenta epílogo. Por isso, essa atividade pode ser interessante para os alunos.

O professor deve propor que os alunos, individualmente ou em pequenos grupos, criem um epílogo no qual expliquem o que aconteceu com os personagens depois que a história acabou. Interessante que o texto seja produzido em estilo próximo ao que o autor utilizou no livro, como se ele mesmo tivesse produzido o epílogo que os alunos estão escrevendo.

### 30) Fale com o *expert*

Se o livro tratar de um assunto de difícil compreensão, em que só uma pessoa com conhecimento específico possa auxiliar a entender melhor, veja a possibilidade de convidar alguém para fazer uma apresentação aos alunos. Isso inclui militares, enfermeiros e médicos, advogados, marceneiros, nutricionistas, ou seja, qual for a especialidade cujo *expert* possa enriquecer o conhecimento dos alunos com sua visita.

### 31) Festa do livro

Como atividade em preparação para a leitura, sugeri que fossem feitas festas literárias, nas quais um número crescente de livros fosse apresentado aos alunos, para que eles pudessem ver as diversas opções de leitura, nos mais variados gêneros literários.

Nesta atividade de pós-leitura, proponho que seja feita a festa do livro efetivamente lido pela turma.

Nessa festa, os alunos podem buscar informações adicionais sobre o autor e o ilustrador, a época retratada no livro, o assunto abordado. Podem fazer uma análise da linguagem utilizada, o estilo do autor, curiosidades sobre a obra.

Podem criar e apresentar esquetes, levar guloseimas mencionadas no livro, vestir-se como os personagens. Enfim, fazer uma grande festa acerca do que leram em determinada obra, para a culminância do projeto de leitura.

### 32) Festival de fantoches

Os alunos das séries maiores podem fabricar fantoches com material reciclado como pedaços de tecido, lã, papel, entre outros, e fazer apresentação de trechos da obra ou a obra adaptada para os alunos mais novos.

### 33) *Flash Cards*

Podemos criar cartões de memória que podem ser úteis para que os alunos revejam os principais pontos da história. Esses cartões podem ter imagens de personagens para que os alunos os identifiquem ou falem alguma passagem em que o personagem atuou. Outra sugestão é que os *flash cards* tenham trechos da obra e o aluno relacione quem disse o quê.

### 34) Folheto de viagem

Os alunos podem preparar folhetos turísticos com gravuras e informações dos lugares mencionados no livro. Se a história acontece em outro país, o folheto pode incluir curiosidades sobre esse país, como a língua oficial, moeda, eventos históricos etc. Caso o período retratado no livro seja histórico, pode-se fazer busca por imagens que retratem a época abordada na obra, a fim de tornar o folheto mais um canal para incentivar que os alunos pesquisem a história do lugar mencionado no livro.

### 35) *Games!*

Que tal os alunos criarem um jogo baseado no livro que leram? Pode ser um jogo de tabuleiro, de cartas ou mesmo jogos para computadores. Lembre aos alunos que os jogos devem conter as orientações e regras para os jogadores. Deixem que eles usem a criatividade e surpreenda-se!

### 36) Gincana com perguntas sobre as histórias

Ao fim da leitura de um ou mais livros, o professor pode organizar uma gincana com perguntas e respostas sobre as obras.

Pode-se dividir a turma em grupos e promover uma premiação simbólica, como certificados para homenagear os alunos que responderem adequadamente às perguntas.

Caso a turma tenha lido mais de um livro, em atividades em grupos, pode-se solicitar que um grupo responda perguntas relacionadas ao livro que o outro grupo leu.

A gincana não pode ficar com cara de prova ou cobrança. É um momento para rever conceitos apresentados, perceber que pontos não foram bem assimilados e proporcionar muita diversão para os alunos.

Isso pode ser feito na sala de aula mesmo ou na quadra.

Crie sua lista de perguntas e tarefas para a gincana e divirta-se!

### 37) Gravação de livros

Dependendo do tipo de livro, tamanho e disponibilidade para essa atividade, os alunos podem ser solicitados a fazer a leitura do livro em arquivos de áudio para doação à biblioteca local ou mesmo a biblioteca da escola, a fim de favorecer o acesso dos alunos com dificuldades de leitura ou deficiência visual.

### 38) Gravação de voz

Os alunos podem utilizar seus aparelhos celulares para gravar um resumo da história em suas próprias palavras e, posteriormente, apresentar o arquivo de som para a turma ouvir. Essa atividade deve ser realizada em grupos para não ficar cansativo ter que ouvir um número elevado de resumos.

---

### 39) Histórias em quadrinhos

Os alunos podem transformar o livro lido em uma pequena história em quadrinhos. Isso pode ser feito em folhas A4 ou usando os recursos da internet.

No livro *Oficina de escrita criativa – Escrevendo em sala e publicando na web* (Editora Vozes) disponibilizo sugestão de sites gratuitos para a publicação de tirinhas.

---

### 40) Jogos de tabuleiro

O professor pode criar jogos de tabuleiro que revisem conceitos apresentados na obra lida. Esses jogos podem incluir perguntas, frases para o aluno responder verdadeiro ou falso, a solicitação de que o aluno faça ou diga determinada coisa que um personagem do livro faria, incluindo aquelas opções de *voltar três casas, perca uma rodada,* entre outras, que tornam o jogo mais divertido.

No Portal do Professor do MEC há uma sugestão interessante para a criação de vários jogos de tabuleiro, inclusive do tipo específico a que estamos nos referindo aqui. Confira: http://portaldoprofessor.mec.gov.br/fichaTecnicaAula.html?aula=49789

Uma consulta rápida em sites de busca pode levar a *links* diversos onde há orientações até mesmo para os alunos criarem os jogos de tabuleiro.

## 41) Jornal impresso

Os alunos podem criar um jornal fictício, no qual eles utilizem toda a estrutura de um jornal real, como manchetes, fotos, notícia, classificados e as variadas seções para apresentar o resumo da obra em um dos artigos, o tempo na cidade, algum festival cultural, entrevista com as celebridades da obra (ou da época em que a história acontece), editorial, carta do leitor e assim por diante.

Se preferir, os alunos podem criar o jornal totalmente online. Um dos recursos gratuitos disponíveis na internet é o http://www.wikijornal.com/

## 42) Jornal sensacionalista

Peça aos alunos que escrevam a trama da história como se fosse para publicação em jornal sensacionalista. Esta atividade costuma render muitas risadas, pois os alunos adaptam a linguagem e fica divertido ver como eles comunicam o enredo do livro para o público do jornal.

### 43) Ler e desenhar

Principalmente para aqueles alunos com habilidades artísticas voltadas para o desenho, esta será uma atividade prazerosa.

Peça aos alunos que desenhem a cena mais importante de um capítulo ou os personagens principais do livro.

---

### 44) Livro digital I

Após a leitura de determinada obra, o professor pode propor que os alunos produzam textos para compor um livro digital sobre o assunto abordado.

Esses textos podem ser a opinião do aluno acerca da obra lida, seu ponto de vista acerca da temática tratada, experiências similares dos alunos, soluções para os problemas apresentados, entre uma infinidade de possibilidades, de acordo com a faixa etária dos alunos e o livro que vai gerar essa produção escrita coletiva.

É bom que, na apresentação do livro digital, o professor contextualize a produção, referenciando o livro lido e comentando que aspectos primou observar na escrita dos alunos. Esse livro pode ser em formato PDF, disponibilizado para download no blog da turma ou da escola.

---

### 45) Livro digital II

Os alunos podem utilizar recursos tecnológicos para criar uma versão da história para *smartphones* e *tablets*. Há várias opções para criar um livro digital, desde a criação do livro em formato doc ou pps e transformá-lo em documento em pdf, disponibilizando-o nessas mídias mencionadas até mesmo uso de aplicativos gratuitos para criação de histórias interativas, como é o caso do aplicativo Moglue Builder, que uma aluna do meu curso de extensão de formação continuada de mediadores de leitura, a Nicoli Cunha, sugeriu em nosso grupo do curso no Facebook.

---

### 46) Livro para o Brasil

Imagine um concurso para eleger o melhor livro para a nação brasileira. Um livro indispensável, que todos deveriam conhecer. Convide os alunos a participarem dessa campanha do livro para o Brasil, na qual eles devem escolher o melhor livro e explicar por que o livro é altamente recomendável para todos os brasileiros do nosso país.

---

### 47) Mapa conceitual

O professor distribui uma folha A4 para cada aluno ou pequenos grupos e pede que eles escrevam o nome do personagem principal ou uma palavra-chave do texto no meio da folha de papel. Em seguida, eles devem escrever associações diversas, fazendo conexões entre os diferentes personagens, situações, épocas, sentimentos, ideias, trama etc.

É bom que antes os alunos vejam um modelo de mapa conceitual qualquer, ainda que não seja feito para o objetivo aqui proposto, apenas para terem uma ideia da produção final de um mapa conceitual e conseguirem visualizar melhor o que precisam fazer nesta atividade.

### 48) Marcadores de livro

Os alunos menores podem criar marcadores de livro em cartolina, um outro tipo de papel resistente, ou mesmo no computador. Esses marcadores devem ter gravuras e informações principais da obra, as quais sintetizem as ideias principais do livro.

Também é possível destacar palavras-chave relevantes, definições necessárias de palavras menos usuais ou adjetivos que descrevam o livro, na visão do aluno.

### 49) Meu personagem amigo

Os alunos podem discutir ou escrever sobre qual dos personagens eles gostariam de ser amigos e que programas interessantes gostariam de fazer juntos, justificando como a atividade se relaciona aos gostos do personagem.

### 50) Minilivro

Os alunos podem fazer um minilivro com a história que acabaram de ler. Dependendo do tamanho da obra original, pode-se escolher uma folha A4 dobrada ao meio duas vezes seguidas. Os alunos podem incluir ilustrações feitas por eles mesmos.

### 51) Mural de recados

Os alunos podem organizar um mural para a sala de aula com elementos da obra lida. Esse mural pode incluir gravuras, citações, indicações de leitura similares, informações importantes sobre os aspectos abordados no livro etc. Eles também podem aproveitar um espaço para deixar recados para os colegas que não leram os livros ou mesmo deixar recados para alguns personagens da história.

Esse mural pode ser físico, na sala ou corredores da escola, ou digital, utilizando-se ferramentas disponíveis na web, como o padlet (www.padlet.com).

### 52) Música tema

Os alunos podem contar a história ou ler trechos do livro com uma música de acompanhamento ao fundo. Para isso eles devem escolher músicas que tenham a ver com a obra, seja pela melodia ou, ainda melhor, com base na letra.

### 53) No que o filme é diferente?

Depois que a turma leu um determinado livro, uma boa opção pode ser convidar os alunos para assistirem a um filme baseado nesse livro.

O interessante é que eles vejam o filme com o intuito de destacar as diferenças, opinar sobre a adaptação feita para o cinema e refletir se houve diferentes interpretações daquelas feitas pelos alunos.

Essa atividade costuma gerar debates divertidíssimos, desde a forma como os alunos imaginaram as personagens até reclamações sobre determinado trecho não ter aparecido na tela ou o final ter sido drasticamente alterado.

### 54) Noticiário da TV

Os alunos podem criar uma apresentação no formato de noticiário televisivo, mostrando alguma cena do livro como se estivesse acontecendo ao vivo. Eles podem fazer papel de repórter âncora, repórter de rua, pessoas envolvidas na cena do livro etc.

### 55) Novo fim

Quantas vezes os leitores ficam desapontados com o final de um livro, não é mesmo? Nesta atividade, individualmente ou em pequenos grupos, os alunos podem escolher um final diferente para a história que leram. Depois, ainda podem comparar as diferenças e semelhanças de finais produzidos pelos outros colegas. Além disso, podem refletir sobre a escolha do autor para o final escolhido por ele.

### 56) Novo início

Como alternativa à atividade anterior, os alunos podem escrever um novo começo para o livro que acabaram de ler.

### 57) Novos escritores

Para o trabalho com livros menores, uma sugestão de atividade de pós-leitura é os alunos produzirem a escrita de suas próprias histórias sobre os temas abordados no livro. O enredo e os personagens devem ser diferentes.

### 58) O livro em cartaz

Os alunos devem, em pequenos grupos, escrever uma carta para um produtor de filmes, argumentando por que aquele livro deve se tornar um grande filme em cartaz nos cinemas. Esta atividade não vale para livros que já têm sua versão adaptada para o cinema.

### 59) O que mudou?

Uma atividade que pode ser proposta para os alunos é a organização de uma lista em seus cadernos contendo as mudanças ocorridas com as personagens ou mesmo o local onde acontece a história. Eles podem dividir o caderno em duas colunas. Na primeira, listam as características iniciais. Na segunda, as mudanças ocorridas.

Ainda mais importante do que apenas listar é, se possível, discutirem as razões que ocasionaram as mudanças e as consequências para o desenrolar da história narrada.

---

### 60) Obituário

Nesta atividade, os alunos devem ser capazes de escrever o obituário de um dos personagens, incluindo suas conquistas e realizações, sua missão e suas características marcantes para amigos (ou inimigos!) e familiares. Pode ser para um personagem que tenha mesmo morrido na história ou outro personagem à escolha do aluno.

---

### 61) Oftalmotorrinolaringologista?

Peça que os alunos criem um dicionário ilustrado para as palavras e expressões que aparecem no livro.

## 62) Outro título

Se o livro tivesse que mudar de título, qual seria? Solicite aos alunos que, em grupo, criem um novo título para o livro e se preparem para apresentá-lo e os argumentos que justifiquem o novo nome. Pode-se até promover uma competição para a escolha do melhor título. Os alunos podem refletir em que pontos os títulos dados são melhores ou não do que o título original.

---

## 63) Painel

Convide dois a quatro alunos para ficar à frente da turma e conversar sobre determinado trecho do livro que leram. A turma observa, toma notas, faz perguntas. Depois que os alunos terminarem, reveze com mais dois ou quatro alunos que farão parte do painel, discutindo outro trecho ou capítulo do livro.

Essa atividade funciona melhor se houver agendamento das apresentações antes, principalmente com alunos adolescentes.

---

## 64) Palavras cruzadas

Para trabalhos de pós-leitura, podemos propor que os alunos resolvam palavras cruzadas para rever vocabulário apresentado no livro.

Para criar palavras cruzadas de forma simples e sem ter trabalho, gosto de utilizar este site: http://www.educolorir. com/crosswordgenerator/por/ Basta escrever as palavras e as definições e o site gera a página de palavras cruzadas que podem ser impressas, salvas e ainda permite trocar palavras e mostrar as soluções.

### 65) Panfletos e livretos

Após a leitura de determinada obra, os alunos podem escrever um panfleto ou um livreto contendo alguns pontos principais da obra, tais como o período de produção, características, apresentação dos principais personagens, a trama principal, citações diretamente da obra, mas dando um ar de suspense, sem revelar o final do livro.

### 66) Penetra na história

O professor deve desafiar os alunos a incluir um personagem em algum ponto da história. Deve-se escrever suas características principais, explicar o seu papel na história e inseri-lo de forma convincente na trama.

### 67) Poemas, *raps* e paródias

Seus alunos irão se divertir muito criando um poema, *rap* ou uma paródia de uma música contando a história do livro. Então, mais uma faísca para mostrar para a escola toda.

---

### 68) Pôster digital

Uma variação da atividade acima é a criação de um pôster digital, cuja principal vantagem é, além de evitar desperdício de papel, a possibilidade de os alunos fazerem um trabalho multimidiático, incluindo músicas, imagens, textos e vídeos relacionados à obra.

Uma boa ferramenta para essa atividade pode ser o Glogster (www.glogster.com).

---

### 69) Pôster impresso

Peça aos alunos que criem um pôster criativo do livro que leram. Eles podem utilizar diferentes materiais, tais como tinta, lápis de cor, giz de cera, canetinha, papel e pequenos objetos.

Depois o professor pode promover o concurso do melhor pôster, convidando outros professores ou alunos de outras turmas para fazerem a votação.

## 70) Profissão repórter?

Em pequenos grupos, alguns alunos fingem que são os repórteres e entrevistam os outros colegas para saberem informações básicas acerca da obra e, posteriormente, escreverem uma notícia de jornal a respeito. Essas perguntas jornalísticas devem seguir o tradicional: o que, quem, onde, quando, como e por quê. Só podem fazer uma pergunta utilizando cada pronome e as respostas devem ter uma a duas frases, no máximo.

Essa atividade fica mais interessante quando os alunos que fazem o papel de repórter não tiverem realmente lido o mesmo livro que os entrevistados. Além de proporcionar melhor revezamento de papéis, evita-se a repetição das futuras notícias de jornal e, ainda, pode-se compará-las com a obra original, a fim de perceber se o repórter conseguiu captar a essência da obra por meio das respostas dos seus entrevistados.

## 71) Programa de entrevistas

Os alunos podem fazer de conta que estão participando de um programa de entrevistas. Eles podem ter o papel do entrevistador, autor, personagens do livro e permitir que a plateia participe com perguntas.

Para isso, é bom que os alunos assistam a, pelo menos, um programa desse estilo para terem uma ideia do formato e de como podem elaborar a sua apresentação.

Os resultados costumam ser muito bons, pois os alunos se caracterizam, incorporam os trejeitos dos personagens (do livro e do programa televisivo) e gostam muito de participar dessa atividade.

---

### 72) Propaganda do livro

Como atividade de pré-leitura, uma delas apresentou a sugestão de que o professor criasse uma propaganda instigante para o livro. Mas, o professor não precisa fazer tudo sozinho. Se você utilizou alguma outra atividade de pré-leitura, pode incluir esta como atividade de pós-leitura e, ainda, com o aval dos alunos, escolher as melhores produções para utilizar futuramente como atividade de pré-leitura com outras turmas.

Nesta atividade, em pequenos grupos, os alunos são desafiados a criar uma propaganda para o livro. Pode ser um vídeo com o *trailer* do livro, um pôster (digital ou impresso), um *jingle*, um anúncio para jornal ou revista etc.

Estabeleça os critérios – tempo, espaço, cores, linguagem – e prepare-se para se surpreender.

---

### 73) Prós e contras

Como atividade de escrita para após a leitura, os alunos podem escrever sua opinião, apresentando os prós e contras de um livro. Isso pode ser apresentado por meio de listas, onde se relaciona os pontos favoráveis de um lado e os desfavoráveis de outro, ou por meio de um texto mais elaborado, em que os alunos argumentem sobre os prós e contras apresentados.

### 74) Quadro e giz

Os alunos podem ser desafiados a fazer uma apresentação oral sobre o livro, usando como recursos visuais apenas o quadro e giz (ou caneta para quadro-branco). Podem escrever tópicos mais importantes, apresentar esquemas ou desenhos para ilustrar melhor sua apresentação.

### 75) Resenha dos alunos no mural

Solicite que os alunos produzam resenhas e façam exposição delas para a turma ou a escola ler. Assim, pode-se reservar o mural da sala de aula, sala de leitura ou dos corredores para eles afixarem suas resenhas e, então, promover a interação entre os diversos leitores/críticos. Muitas vezes um aluno passará na biblioteca da escola pedindo um livro justamente porque outro colega fez uma avaliação positiva sobre ele.

A influência dos pares será mais forte do que os pedidos dos professores para que os alunos leiam determinada obra.

Afinal, eles nem sempre confiam no bom gosto do professor para a leitura.

---

### 76) Resenha dos livros

Podemos encorajar os alunos a escreverem e compartilharem sua visão acerca do que leram ao solicitar que eles escrevam resenhas dos livros.

Essas resenhas podem ser elaboradas de acordo com a faixa etária e ano de ensino do aluno. No livro *Oficina de escrita criativa – Escrevendo em sala de aula e publicando na web* (Editora Vozes, 2014), eu disponibilizo uma ficha simplificada de resenha para os professores utilizarem com seus alunos. Essa ficha pode conter espaço para que o aluno escreva o título do livro, autor, editora, ano de publicação. Na parte de resenha, um pequeno espaço para que ele conte com suas palavras um breve resumo da história e faça críticas ou elogios. Por fim, ele também pode qualificar o livro, atribuindo um número de estrelas a ele (geralmente deixo de uma a cinco estrelas).

Para as séries mais adiantadas, sugiro um trabalho com o gênero resenha, a fim de mostrar aos alunos o que se espera encontrar em textos do gênero e como utilizar a linguagem adequadamente.

---

## 77) Revistas

Os alunos podem criar o projeto de uma revista impressa sobre o livro ou livros lidos pela turma, usando imagens e textos escritos para a publicação.

Para isso devem pensar nos elementos que compõem uma revista, tais como capa, carta do editor, carta dos leitores, sumário, seções de artigos, entrevista, propagandas etc.

Essa é uma atividade que requer bastante tempo e energia, então é necessário planejar bem o tempo, distribuir as tarefas para os alunos e acompanhar constantemente.

A revista pode ser digital, evitando-se desperdício de material impresso. Se escolher o formato digital, uma opção é o youpublisher: http://www.youblisher.com/ No site, é necessário fazer o upload (carregamento) do arquivo em PDF. Eles criam o formato de revista digital, sendo possível até mesmo "folhear" as páginas.

## 78) Rodas de leitura

A fim de estimular que os alunos oralizem melhor o que leem e discutam aspectos da obra que estão estudando, o professor pode propor rodas de leitura.

Os alunos são dispostos em um círculo, cada um com um exemplar do livro, vão lendo trechos do livro.

Se for uma peça de teatro, eles podem se revezar nos papéis propostos, na leitura da narração, e assim por diante.

### 79) Sarau de poesias

Muitas vezes estamos preocupados que nossos alunos leiam bem e esquecemos de perceber como eles produzem sentido ao oralizar o que leem.

Uma boa atividade para auxiliar nossos alunos a lerem no ritmo certo, a fazerem pausas e ênfases adequadamente e fruírem do momento de leitura é o trabalho com poesias.

No sarau de poesias pode-se pedir que os alunos selecionem poesias das quais tenham gostado mais durante as atividades de leitura e que eles as declamem em voz alta para a turma.

Não cobre que eles tenham memorizado a poesia, pois o resultado às vezes é desastroso. O aluno fica parecendo um robô recitando palavras que não fazem sentido para ele. Ao ajudá-lo a ler com a entonação e ritmo, o aluno ficará maravilhado com a magia das palavras.

Experimente um sarau de poesias em sua sala ou mesmo no auditório da escola.

---

### 80) *Scrapbook* ou colagem

Nessa atividade, o aluno ou grupo de alunos devem ser desafiados a criar uma coleção de imagens relacionadas à obra, organizadas em forma de cartazes, livretos, álbuns de colagens ou outra forma de apresentação.

Essa colagem pode ser acerca da obra inteira ou de aspectos abordados no livro, tais como o holocausto, a escravidão, entre outros.

## 81) Sites favoritos

Quais seriam os dez sites favoritos de determinado personagem? Com base nas características do personagem do livro escolhido, os alunos devem fazer uma busca pelos principais sites que interessariam a ele. Uma personagem feminina vaidosa, que goste de estar com as amigas, por exemplo, pode ser que goste de sites de moda, beleza, viagens etc. Os alunos devem explicar as razões da escolha dos dez sites, com base em trechos ou exemplos retirados do livro.

## 82) *Slides*

Se tiver como os alunos criarem apresentações em power point e mostrarem em sala com auxílio de projetor multimídia (*datashow*), pode-se pedir que pequenos grupos façam apresentações usando texto, imagem, música, vídeo e muita criatividade.

Talvez seja necessário que o professor da sala de informática dê algumas instruções básicas para o uso da ferramenta, a fim de que os alunos possam utilizar os recursos básicos para a criação dos *slides*.

Os alunos também podem compartilhar suas apresentações no *SlideShare* (www.slideshare.com), a fim de que todos possam ter acesso às apresentações realizadas.

---

### 83) Sonoplastia

Os alunos podem se divertir gravando em arquivos de som ou vídeo a história que acabaram de ler. Melhor ainda se puderem trabalhar criativamente de forma a incluir a sonoplastia para o trecho escolhido. Pode ser o barulho de uma chuva, o tique-taque de um relógio, as buzinas do trânsito na rua, entre uma infinidade de sons que o autor sugere em seu texto.

---

### 84) Teatro

Crianças e adolescentes costumam curtir a atividade de dramatizar um livro do qual eles tenham gostado. Essa dramatização pode ser com livros clássicos ou contemporâneos.

Gosto muito de autores de nossa época que têm alcançado o público infantojuvenil com maestria. Não precisamos recorrer apenas a livros escritos nos séculos passados para fazer atividades de leitura significativas com nossos alunos.

Permita a seus alunos serem seus próprios roteiristas e diretores e aprecie a criatividade deles.

### 85) Testemunhas oculares

Quando o livro que for proposto pela turma abordar questões históricas, talvez os alunos possam entrevistar pessoas que tenham vivenciado aquele período ou a situação descrita no livro.

Então, proponha que os alunos busquem primeiramente em suas próprias famílias pessoas que talvez possam contribuir para um bate-papo esclarecedor sobre as questões abordadas na obra que leram.

Se não for possível encontrar pessoas nos arredores da escola, a internet pode ser uma poderosa ferramenta para encontrar essas *testemunhas*. Elas podem ser convidadas a falar com os alunos por Skype ou mesmo mensagens em redes sociais.

### 86) Testes

Crie testes divertidos para uma atividade de pós-leitura. Inclua questões de múltipla escolha, correlacionar, verdadeiro e falso, dissertativas, frases embaralhadas etc. Providencie a chave de respostas depois de algum tempo. Não dê nota na atividade. Ela deve servir para revisar, ampliar a discussão, não para medir ou assustar.

## 87) *Trailer*

Grupos podem produzir um *trailer* com uma visão rápida do livro ou sequência dos melhores momentos da obra e que eles gostariam de assistir. Eles podem usar música, imagens, texto e até mesmo contracenarem no *trailer*.

O objetivo é captarem a essência da obra e promoverem o livro para outros alunos que ainda não o tenham lido.

---

## 88) Tribunal do júri

Os alunos podem participar de uma ou mais encenações de um tribunal do júri, no qual fazem o papel de testemunhas, réu, autor do processo, júri, repórteres para discutirem a obra ou algum caso específico mencionado no livro que leram.

---

## 89) Twitter

Que tal os alunos "tuitarem" a respeito do livro? Eles fazem o resumo da obra ou contam sua opinião sobre o que leram, incluindo o motivo.

Lembre-se: em apenas cento e quarenta caracteres. É exatamente o número que a frase acima contém: 140 caracteres com espaço!

---

## 90) Use *post-its!*

Como vimos nas seções anteriores, o *post-it* pode ser usado tanto nas atividades realizadas antes da leitura como naquelas feitas durante a leitura. Mais uma vez, agora em que estamos pensando em atividades para serem sugeridas após a leitura do livro, os *post-its* podem servir de grande auxílio. Vejamos algumas sugestões:

a) O professor pode pedir que os alunos colem quatro *post-its* no caderno e escrevam em cada um o seguinte: resumo da obra, assuntos abordados, do que eu mais gostei, do que eu menos gostei. Então, os alunos preenchem com suas opiniões e anotações. Em seguida, o professor divide o quadro em quatro colunas, correspondentes aos tópicos propostos (que, obviamente, podem ser outros além dos sugeridos aqui). Os alunos colam seus *post-its* nas colunas correspondentes. Ao final, os alunos leem todos os comentários e abre-se uma discussão acerca do que foi bastante similar e em como os colegas divergiram ao falarem de suas opiniões.

b) Os alunos podem perceber uma determinada consequência no desenrolar da história e escrever nos *post--its* quais foram as causas mencionadas no livro.

c) Uma outra atividade pode ser solicitar que os alunos descrevam sua opinião sobre a obra, utilizando apenas um adjetivo. Para dificultar um pouco, o professor pode "proibir" palavras como: bom, ótimo, maneiro, legal, péssimo, horrível, a fim de estimular que os alunos busquem outros sinônimos e ampliem seu vocabulário para avaliar o livro.

Então, que outras atividades interessantes você já fez ou teve ideias para fazer em sua escola? Anote aqui essas faíscas antes que elas se apaguem da memória:

_____

_____

_____

_____

_____

_____

_____

_____

_____

_____

_____

_____

_____

Essas pequenas faíscas que compartilhei aqui e mais as outras tantas que você já tem promovido em sua prática como professor ou professora certamente contribuirão para que mudemos esse quadro desanimador da leitura no Brasil.

Vou me despedindo por aqui, mas gostaria de saber mais sobre as boas práticas de leitura da sua escola ou turma. Você já sabe, nosso ponto de encontro é lá na minha página no Facebook. ☺

# Referências

BAKHTIN, M. Os gêneros do discurso. In: *Estética da criação verbal*. São Paulo: Martins Fontes, [1979] 2000, p. 278-326.

BRAGA, R.M. & SILVESTRE, M.F. *Construindo o leitor competente* – Atividades de leitura interativa para a sala de aula. 3. ed. São Paulo: Global, 2009.

CECCANTINI, J.L. Leitores iniciantes e comportamento perene de leitura. In: SANTOS, F.; MARQUES NETO, J.C. & RÖSING, T.M.K. (orgs.). *Mediação de leitura*: discussões e alternativas para a formação de leitores. São Paulo: Global, 2009, p. 207-231.

FREIRE, P. *A importância do ato de ler*: em três artigos que se completam. 48. ed. São Paulo: Cortez, 2006.

IPM. *Instituto Paulo Montenegro e Ação Educativa mostram evolução do analfabetismo funcional na última década* [Disponível em http://www.ipm.org.br/ipmb_pagina.php?mpg=4.03.00.00.00&ver=por&ver=por 2012 – Acesso em 27/08/2012].

KOCH, I.V. & ELIAS, V.M. *Ler e compreender*: os sentidos do texto. 2. ed. São Paulo: Contexto, 2008.

KRESS, G. Genre as social process. In: COPE, B. & KALANTZIS, M. (eds.). *The power of literacy*: a genre approach to teaching writing. Petesburgo: Pittsburgh University Press, 1993, p. 22-27.

MARCUSCHI, L.A. Gêneros textuais: definição e funcionalidade. In: DIONÍSIO, A.P.; MACHADO, A.R. & BEZERRA, M.A. (orgs.). *Gêneros textuais e ensino*. Rio de Janeiro: Lucerna, 2002, p. 20-35.

MARCUSCHI, L.A. & XAVIER, A.C. *Hipertexto e gêneros textuais*: novas formas de construção de sentido. 3. ed. São Paulo: Cortez, 2010.

MARTINS, M.H. *O que é leitura*. 19. ed. São Paulo: Brasiliense, 2006.

MEC. *PNLL* – Plano Nacional do Livro e Leitura. Ed. atual., 2010.

_____. *Parâmetros Curriculares Nacionais*: terceiro e quarto ciclos do Ensino Fundamental: língua portuguesa. Brasília: MEC/SEF, 1997.

MEURER, J.L. O conhecimento de gêneros textuais e a formação do profissional da linguagem. In: FORTKAMP, M.B. & TOMICH, L.M.B (orgs.). *Aspectos da linguística aplicada*. São Paulo: Mercado das Letras, 2000, p. 1.490ss.

PRADO, I.G.A. Para formar leitores na escola. In: *A formação do leitor*: pontos de vista. Rio de Janeiro: Argus, 1999, p. 81-84.

SILVA, E.T. Formação de leitores literários: o professor leitor. In: SANTOS, F.; MARQUES NETO, J.C. & RÖSING, T.M.K.

(orgs.). *Mediação de leitura*: discussões e alternativas para a formação de leitores. São Paulo: Global, 2009, p. 23-36.

SILVA, S. *Quando meus pais se separaram*. Rio de Janeiro: Escrita Fina, 2015.

_____. *Oficina de escrita criativa*: escrevendo em sala e publicando na web. Petrópolis: Vozes, 2014.

_____. *Violências cotidianas*. Duque de Caxias: NunesGraf, 2014.

_____. *Mamãe foi trabalhar*. Rio de Janeiro: Escrita Fina, 2013.

_____. *Dinâmicas e jogos para aulas de idiomas*. Petrópolis: Vozes, 2012.

SILVA, S.P. A atuação do professor como mediador da leitura. In: *Revista Querubim*, ano 8, vol., 2, n. 18, 2012, p. 146-151 [Disponível em http://www.uff.br/feuffrevista querubim/images/arquivos/zquerubim_18_v_2.pdf – Acesso em 24/03/2014].

_____. *Os gêneros discursivos em livros didáticos de inglês como língua estrangeira*: representações e implicações pedagógicas. Rio de Janeiro: PUC, 2006.

SOARES, M. *Letramento*: um tema em três gêneros. Belo Horizonte: Autêntica, 2003.

VILLARDI, R. *Ensinando a gostar de ler e formando leitores para a vida inteira*. Rio de Janeiro: Qualitymark/Dunya, 1999.

# Índice
## Atividades para depois da leitura

Adjetivos, 68

Apresentação oral ao vivo, 69

Apresentação oral gravada, 69

Bate-papo com um autor, 70

Cair na rede, 71

Calendário, 72

Campanha de *marketing*, 72

Carta para o autor, 73

Cartão de visitas, 73

Cartão-postal, 73

Citações em quadros, 74

Clubes do livro, 74

Coisas que aprendi, 74

Colar do Google, 75

Congresso de escritores, 75

Conversa com o *expert* da turma, 75

Crachás completos, 76

Debates, 76

Declamações, 77

Diferentes publicações, 77

Dois livros – mesmo assunto, 78

E depois da poesia?, 78

E o prêmio vai para…, 78

Elaboração de provas, 79

Em quinze anos..., 79

Entrevista com o vilão, 80

Entrevistando os personagens, 80

Epílogo, 80

Fale com o *expert*, 81

Festa do livro, 81

Festival de fantoches, 82

*Flash Cards*, 82

Folheto de viagem, 83

*Games!*, 83

Gincana com perguntas sobre as histórias, 83

Gravação de livros, 84

Gravação de voz, 84

Histórias em quadrinhos, 85

Jogos de tabuleiro, 85

Jornal impresso, 86

Jornal sensacionalista, 86

Ler e desenhar, 87

Livro digital I, 87

Livro digital II, 88

Livro para o Brasil, 88

Mapa conceitual, 88

Marcadores de livro, 89

Meu personagem amigo, 89

Minilivro, 90

Mural de recados, 90

Música tema, 90

No que o filme é diferente?, 91

Noticiário da TV, 91

Novo fim, 91

Novo início, 92

Novos escritores, 92

O livro em cartaz, 92

O que mudou?, 93

Obituário, 93

Oftalmotorrinolaringologista?, 93

Outro título, 94

Painel, 94

Palavras cruzadas, 94

Panfletos e livretos, 95

Penetra na história, 95

Poemas, *raps* e paródias, 96

Pôster digital, 96

Pôster impresso, 96

Profissão repórter, 97

Programa de entrevistas, 97

Propaganda do livro, 98

Prós e contras, 98

Quadro e giz, 99

Resenha dos alunos no mural, 99

Resenha dos livros, 100

Revistas, 101

Rodas de leitura, 101

Sarau de poesias, 102

*Scrapbook* ou colagem, 102

Sites favoritos, 103

*Slides*, 103

Sonoplastia, 104

Teatro, 104

Testemunhas oculares, 105

Testes, 105

*Trailer*, 106

Tribunal do júri, 106

Twitter, 106

Use *post-its!*, 107

Conecte-se conosco:

 facebook.com/editoravozes

 @editoravozes

 @editora_vozes

 youtube.com/editoravozes

 +55 24 2233-9033

www.vozes.com.br

Conheça nossas lojas:
www.livrariavozes.com.br

Belo Horizonte – Brasília – Campinas – Cuiabá – Curitiba
Fortaleza – Juiz de Fora – Petrópolis – Recife – São Paulo

  Vozes de Bolso

**EDITORA VOZES LTDA.**
Rua Frei Luís, 100 – Centro – Cep 25689-900 – Petrópolis, RJ
Tel.: (24) 2233-9000 – E-mail: vendas@vozes.com.br